アリ　西サハラの難民と被占領民の物語

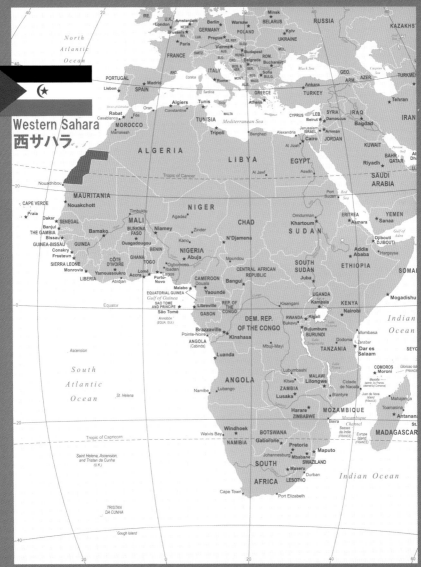

アフリカ全図、そしてラストコロニー・西サハラ

社会評論社

Ａ Ｂ Ｃ

Ａ 西サハラ難民キャンプ群は五つあり、一つに5～6万人がいる

Ｂ 西サハラ民族大会にモロッコ占領地から駆けつけた西サハラ女性達

Ｃ 主人公の「アリ」モハメド・ヤヒヤ・アリと筆者

D 一堂に会したモロッコ占領地。西サハラの活動家たちと筆者
E モロッコ占領地・西サハラの監獄、窒息寸前の西サハラ政治囚達（提供 SPS）
F サッカー勝利を祝う集会でモロッコ軍に惨殺されたサバハ（提供 SPS）
G 平和デモの人々を襲うモロッコ占領治安部隊、私服警察も混在（提供 SPS）

H 西サハラ難民キャンプの男の子、女の子

I 難民キャンプにある小学校、男女共学、備品も学用品も不足している

J 少女マハジューバ（右端）と暮らす親族一同

K 崩壊寸前のボロテント、UNHCR簡易テントの寿命も短い

まえがき

　モハメド・ヤヒヤ・アリが仲間 4 人と徒歩でモロッコ占領地・西サハラ脱出を企てたことを、筆者は知ってました。しかし、アリが住んでいたモロッコ占領地・西サハラの首都ラユーンから西サハラ難民キャンプまで、直線距離にしても全長 1200 キロ以上はあります。しかも、西サハラを分断する〈砂の壁〉と呼ばれるモロッコの防御壁を、越えなければなりません。さらに、モロッコ軍は〈砂の壁〉に沿って地雷原を敷設しています。そのうえ、アリたち 5 人の西サハラ被占領民は、占領警察に見つからないようにと、着の身着のままでモロッコ占領地を脱出したのです。「いってらっしゃ～い。気を付けて～！」と家族に見送られて出てきた〈サバイバル冒険旅行〉ではありません。殺害？爆死？枯れ死？　筆者の頭には、アリの死に顔しか浮かんできませんでした。

　2012 年 10 月、アルジェリアにある西サハラ難民キャンプでアリの姿を見た時、俄かに信じられませんでした。アリは生きていたんです！　砂漠踏破に成功したんです。

　アリから聞いた砂漠踏破をお話しします。信じてください。本当の話です。

　そして、アリが合流した西サハラ難民キャンプの話もお伝えします。

　西サハラ難民は、全員が、アリよりもっと悲惨で劇的な脱出体験を持っています。アリが憧れた天国は、世の常識からすれば地獄です。ガス、電気、水道、なし。まともな食料、医療、衣料、住居、教材なし。ないないづくし。砂漠の過酷な気候は、難民だからといって免除してくれません。こんな酷い難民キャンプに、なぜアリは憧れたのでしょう？　こんな酷い難民キャンプで、なぜ西サハラ難民は 45 年以上も我慢しているのでしょうね？

　難民キャンプで〈アリ〉と呼べば、4 ～ 5 人のアリから返事があるポピュラーな名です。

　日本で〈アリ〉と呼べば〈火アリ〉を連想し、アリの評判は極めて悪い。でも海外では、イソップ童話やデイズニー動画のお陰で、アリ（英語 ant）は、

勤勉、強固、団結の象徴です。スペインの映像作家が西サハラ難民に〈砂漠のアリ〉と仇名を付けました。

　アリは砂漠、草原、森林など、世界のあらゆる地域に分布しています。スズメバチ科に分類されるアリ、特に砂漠のアリは針で猛毒を注入します。刺されるとスズメバチと同様の激しい症状を引き起こします。砂漠の毒蛇サイドワインダーですらアリの大群に襲われると、のたうちまわり死んでいくそうです。

　西サハラ砂漠の難民アリたちを侮ってはなりません。

　砂漠のアリたちは、2019 年 12 月 19 日から 25 日まで西サハラ砂漠にあるティファリティで、第 15 回西サハラ民族大会を開催しました。モロッコの地雷防御壁＜砂の壁＞で分断された西サハラ難民と西サハラ被占領民の代表者 2,100 人に外国人 300 人の、計 2,400 人がこれから 4 年間の運動方針を討議しました。そして、大会で再選されたブラヒム・ガリ西サハラ大統領兼ポリサリオ事務総長は、アントニオ・グテーレス国連事務総長に次のような書簡を送りました。「大会は、国連西サハラ人民投票監視団（ミヌルソ）が今日に至るまで、国連安保理決議 690（1991 年）が命じた西サハラ人民投票を遂行していないと糾弾した。西サハラ人民は国連主催の和平交渉を信頼できなくなってきている」と、国連が速やかに、国連憲章と国連安保理決議が命じる人民投票を遂行するよう、強く促しました。

　国連事務総長殿、狸寝入りは困ります。

アリ　西サハラの難民と被占領民の物語
＊目次＊

西サハラ難民キャンプの外人宿泊所／占領地からの先輩脱出者たち／
2月27日、西サハラ難民建国記念日

西サハラ国旗を掲げるラクダ旗手

序

　アフリカ最後の植民地・西サハラは、アフリカ大陸の最西北端にある。北にモロッコ、北東にアルジェリア、東と南はモーリタニアに国境を接している。西は大西洋に面していて、1,200 キロメートルの長い海岸線に恵まれているのだが、緑豊かな沿岸地帯は 10 キロメートルの幅にもみたない。かつて、不毛と言われていた西サハラ砂漠。リン鉱石しかないと思われていたのだが、見つかった！　1990 年代半ばになって、石油、天然ガス、ウランなどなど、鉱物資源が見つかった。それが植民地宗主国モロッコの西サハラ固執に繋がる要因となった。1991 年に国連が提案した西サハラの脱植民地化を目指す国連西サハラ人民投票は、28 年以上経った今でもモロッコの反対で行われていない。モロッコは国連西サハラ人民投票に負けて、西サハラ領土を失うと判断したためだ。

　日本本州の 1.1 倍程度の西サハラ大地は、その五分の四以上をモロッコが占領し、五分の一弱を西サハラ独立を目指す西サハラ難民政府・ポリサリオ戦線が解放している。モロッコは占領地にポリサリオ戦線が侵入しないようにと、600 万個以上の地雷を埋めた防御壁〈砂の壁〉を作った。モロッコ占領地には約 10 万の西サハラ被占領民と約 15 万のモロッコ入植者と約 16 万のモロッコ兵が展開している。そして、1975 年にモロッコ軍の銃で追われて難民となった西サハラ人は今や約 20 万人に膨れ上がり、アルジェリアの難民キャンプで 45 年を超える過酷な難民生活を余儀なくされている。ちなみに、西サハラ人もモロッコ人もアラビア語を母国語とし、イスラム教を国教とするアラブ人だ。

　モロッコ占領地・西サハラに住む二級市民の西サハラ住民は、デモ、言論、結社、ソーシャルメディアなどなど、自由な意思表示を禁止され、西サハラの旗を振ったりモロッコの占領政策を批判したらモロッコ王に対する反逆罪で、逮捕、収監、拷問の処罰を受ける。
　占領地の若い西サハラ人たちは、モロッコ占領当局に抗議することもできず、悲惨な占領状況を外部の世界に訴えることもままならず、占領地からの

脱出を考える。彼らの目的地は 1,100 キロ以上離れたサハラ砂漠の奥で西サハラの独立運動を続ける西サハラ難民キャンプだ。筆者は 20 回以上、西サハラ難民キャンプを訪れた。しかし国連調査団、国際人権団体、プレスなどの立ち入りを拒否するモロッコ占領地・西サハラには、一度も入ったことがなかった。西サハラ難民キャンプで、モロッコ占領地からの脱出を図る若者が後を絶たないと聞いて、筆者はそんな若者に会いたくなった。そこで単なるツーリストとして、機材など持たず身一つでモロッコ占領地・西サハラの首都、ラユーンに降り立った。モロッコ空港警察から 2 時間にわたり尋問され、西サハラ人とは接触しない、遠出はしない、滞在は 4 日限定など、細かい指示をされ、指定のバラドール・ホテルに入った。

　ホテル脇のレンタカー屋でタクシーを頼み、ラユーン市内を見物しながら、それとなく〈脱出志望の若者〉のことを運転手に聞いてみた。サレハと名乗る運転手（36 才）から、「俺は西サハラ人だ」と嬉しい答えが返ってきた。「あんたの滞在中に一組、あるかもしれない。朝出発して日暮れ前には帰れるようにする。水とパンの料金はあんたにお願いするね」

　筆者は、この西サハラ人運転手に、モロッコ占領地・西サハラから脱出するまで筆者の全行程を付き合ってもらうことにした。

　そして期せずして筆者は、アリと仲間のモロッコ占領地・西サハラ脱出に途中まで同行することになった。

第1話

モロッコ占領地・西サハラからの脱出

（迫害、砂の壁・地雷、砂漠）

主人公 モハメド・ヤヒヤ・アリ

アリの海

　1983年、アリはモロッコ占領地・西サハラの首都ラユーンで生まれた。アリの祖先はラユーン郊外で遊牧生活をする、西サハラの砂漠の民・ベドウィンだった。だが、1975年に侵略してきたモロッコ軍の手で家畜を殺され強奪され、廃業に追い込まれた。アリの父は、ラユーンから砂漠に100キロ入ったリン鉱石鉱山で労働者として働いている。兄二人もリン鉱石鉱山で働き、西サハラ独立を目指す地下組織の組合運動をしているため、時々しか帰ってこない。西サハラ学生運動の地下活動をするアリも、ほとんど家によりつかない。アリの家は気の強い母を親分に、姉と妹2人の女性軍4人が仕切っていて、男性軍に発破をかけていた。

漁師の廃屋で密会

　2005年5月18日夜8時、星を浮かべた大西洋の荒波が、西サハラの海岸を洗っていた。
　砂丘の彼方から点々と五つの影が現れ、捨てられた漁師小屋に吸い込まれ

大西洋に面した西サハラの小漁村
モロッコ占領政策下でひっそり

ていった。

　6畳ほどの狭い小屋の中は、破れた魚網、木切れ、空き缶、濡れた段ボール箱と、ゴミ小屋同然で足の踏み場もない。悪臭にむせて一人が咳き込んだ。慌てたリーダー格のアリがその口を強く押えた。「アリ、マライニンは喘息持ちなんだぞ」と、サデイクはアリの手を緩めた。

　「クソ！　モロッコのデカに聞こえたらやばいだろ。いよいよ明日の朝10時、ラユーン公民館に集合することになった。第一回西サハラ住民集会だ。俺たち西サハラ住民が初めておおっぴらに集まるんだぞ！　当然、モロッコ占領警察や治安当局も来る。主催者のアミナト・ハイダル（当時38才）から、集会の趣旨やら西サハラ難民政府の声明なども預かってきたけど、いつもと同じやつだ。もう、頭に入ってるよナ？　処分するぞ！　とにかくここに長居は無用だ。ひとつだけ言っとく。絶対にモロッコに捕まるな！　まず、逃げろ！」と、リーダーのアリは短い指令を囁くと立ち上がった。

　「もしも捕まったら、どうすればいいんだ？」と、偏平足のバシルが不安げに聞いた。「すみませんオレが間違ってました、〈王様万歳〉と、モロッコのデカどもに嘘をつけ。粋がって監獄に繋がれて、痛い土踏まずを拷問されることはない」と、アリは答えた。「俺たちの先は長い。モロッコのデカどもに、俺たちの体には指一本触れさせるな！」

　「マライニン、お前が捕まったら、思いっきり咳込め！　開放性結核だとモロッコのデカどもに言ってやれ」と、アリはマライニンの口から手を放した。

アリと4人の仲間

　リーダーのアリ（当時22才）は、フルネームをモハメド・ヤヒヤ・アリといい、ボクシングファンの親父が伝説のボクサー〈モハメド・アリ〉にあやかって〈アリ〉と名付けた。アリの方は空手が大好きで、ラユーンの西サハラ人居留区にある空手道場に通っていた。163センチと小柄だが精悍な顔つきのアリに、道場主は〈西サハラのブルース・リー〉と仇名をつけ、将来を期待していた。アリは、ブルース・リーがモハメド・アリのビデオを鏡に映して動きを真似ていたことを知り、「俺ってリーの再来か？」と思ったりもした。アリは「アチョー」と怪鳥音の奇声を上げ、すっかりブルース・リー気分になっていた。だが数年前、空手道場に西サハラ占領に反対する活動家

を探すモロッコ占領警察のガサ入れがあり、それ以来、アリの足は空手道場から遠のいていた。

アリの学生運動仲間を簡単に紹介しておく。

喘息持ちのマライニンは1985年生まれ、リン鉱石鉱山夫の父も鉱山喘息で悩まされている。医者から禁煙を命じられたが、マライニンの父もリーダーのアリも愛煙家で、彼も結局、喫煙家のまま咳き込む毎日をおくっていた。

胃弱のサデイクも1985年生まれ、186センチあるが胃の調子がいまいちで、いつも体を折り曲げているから長身には見えない。いい男なのに華がなさすぎる。

偏平足のバシルは1986年生まれ、長時間歩いたり立ったりしていると足が痛くなるので運動は嫌いだ。運動不足で、西サハラの若者としては珍しく、ぽっちゃり太っている。

ガリ勉のガリは1987年生まれ、乱読で雑学で、いつも一言多い。だが、リーダーのアリは内心、その記憶力に脱帽しガリを頼りにしている。

1983年生まれのアリが一番の年長で、リーダーとして皆を引っ張っている。

5人はハッサンⅡ世学校に籍を残す、不登校高校生だ。そして、モロッコ占領当局に反対する〈西サハラ学生運動地下組織〉の主要メンバーだった。

2005年5月18日夜8時30分、5人の仲間は間隔をあけて小屋を出発し、バラバラの方向に散って行った。海岸から5人が住む西サハラの首都ラユーンの町まで、約10キロある。

占領地首都で初蜂起

2005年5月19日午前4時、空が白み始めた。ラユーンの西サハラ人居留区は、いつもより早くからパンを焼く香ばしい匂いに包まれていた。おじいさんもおばあさんも、子供達も、西サハラ被占領民なら誰もが、この日の10時に西サハラ人が主催する、初めての西サハラ人集会があることを知っていた。これまで地下に潜って反占領地運動をしてきたアミナト（当時38才）やサッバール（当時54才）たちが西サハラ被占領民に対する人権侵害を世界に訴えるため、大きな声を上げようとしていた。もともとモロッコ占領当局は、西サハラ被占領民のあらゆる政治集会を禁じていた。この日の集会を

アミナトやサッバールたちは、モロッコ当局に〈西サハラ伝統文化の集い〉という名目で、西サハラ人用公民館の使用届を出していた。だが、モロッコ占領当局からの回答はなかった。主催者は見切り発車をするしかなかった。

　午前10時前、アリたちが赤土色の小さな公民館に着いた時には、会場に入りきれない西サハラ人たちが入口に溜まっていた。色とりどりの民族衣装メルファをまとった女性の集団がアリたちの前に割り込んできた。アリたちは女性軍に場所を譲った。と、その後ろにいた老人集団もドドっと割り込んで入口に殺到してきた。「あと、あと、俺たちは後でいい」と、アリたち5人組は街路樹の木陰に入った。その時、モロッコ治安部隊のジープの音が遠くから聞こえてきた。アリたちは入口の見張りにモロッコ治安部隊の接近を知らせると、主催者の指示に従ってその場を立ち去った。5分後には公民館の入り口を、ヘルメットを被り武装したモロッコ警察と私服とモロッコ入植者が塞ぎ、100人近いモロッコ治安部隊が威嚇乱射しながら会場に雪崩れ込んだ。

　150人の収容能力しかない会場は300人近い西サハラ被占領民でひしめいていた。参加者は全員追い立てられ、ジープとマイクロバスに詰め込まれる。モロッコ警察のブラックリストに載っている活動家たち、アミナトやサッバールやその仲間たちは、治安部隊のこん棒で滅多打ちにされ、血まみれで逮捕されていった。

　獄に繋がれたアミナトを始めとする伝統文化集会参加者たちは、モロッコ占領当局の拷問と劣悪な扱いに抗議して、獄中で延べ50日間のハンガーストライキを打った。「アミナトのハンストは毎度のお祭り、放っとけ」と、モロッコ占領当局はうそぶいた。

　一年後の2006年4月22日、2005年5月の平和集会で不法逮捕された参加者たちは、やっと釈放された。

　アミナト・ハイダルのハンガーストライキ抗議は〈サハラの女ガンジー〉として、モロッコ占領地・西サハラだけでなく西サハラ難民政府がある西サハラ難民キャンプでも有名だ。アミナトが20才になった1987年12月、モロッコ占領地・西サハラの首都ラユーンで数百人の女性達と、西サハラ住民

参政権の要求デモの声を上げた。途端に、モロッコ占領警察がすっ飛んでき
て、デモ首謀者と共にアミナトは逮捕された。獄中で暴行や拷問を受けたア
ミナトは、その非人道的な扱いに怒り、ハンガーストライキで抗議を続けた。
そして、4年後の6月22日、74人の同志と共に釈放を勝ち取った。

　釈放後、自らの体験を礎に「西サハラ人政治犯の即時釈放とモロッコ刑務
所の拷問虐待廃止」を訴え、モロッコッ占領地・西サハラ内で人権擁護活動
を活発化させていく。だがモロッコ占領地・西サハラ内でのあらゆる政治活
動は禁止されていて、アミナトは何度となくモロッコ占領当局に逮捕収監さ
れた。その度にハンガーストライキ抗議をやったが、モロッコ占領当局は取
り合わなくなってきていた。

　アミナトは息子と娘を一人ずつ持つシングルマザーだ。

　彼女はアリを弟のように可愛がり、「私はもうモロッコ看守から逃げられ
ない。でも、あんたはまだ捕まったことがないのだから、逃げなさい。捕まっ
たらおしまいだヨ」と、アリに言い聞かせていた。

ラユーン、モロッコ占領地・西サハラの首都

　ラユーンの町は赤土色をしている。この地方は昔から、アラビア語で〈サ
ギア・エル・ハムラ（赤い涸れ川）〉と呼ばれてきた。アルジェリア南部の
サハラ砂漠にある古い隊商の町タマンラセットも赤土っぽい。アラブ人が
作ったスペインのアルハンブラ宮殿は、アラビア語で〈カスル・アル・ハム
ラ（赤い宮殿）〉と、その名が示すように赤土色をしている。

　ラユーンは、1930年に当時の西サハラ宗主国だったスペインの手で、ス
ペイン領西サハラの首都として作られた。ラユーンから西南西100キロメー

モロッコ占領地・西サハラのラユーン・リン鉱石積み出し港（提供 SPS）

トルと砂漠に入ったブクラには世界でも有数なリン鉱石鉱山があり、ラユーンの町から10キロメートル離れたラユーン港はリン鉱石の積出港として、西サハラ宗主国の支配国にとって最重要拠点になっている。もともと遊牧や漁業で暮らしてきた地元住民は、リン鉱石鉱山や占領当局に雇われるようになっていった。

　ちなみに、アリとマライニンの父はリン鉱石鉱山夫、サデイクの父はモロッコ人が経営するホテルの従業員、バシルの父はパン職人、ガリの父は失業中だった。

　1991年に国連が提案した〈国連西サハラ人民投票〉を一旦は呑んだモロッコ王の故ハッサンⅡ世は、ラユーンの町を中心にモロッコ人入植者を送り込んだ。人民投票を勝ち取るためモロッコ人の投票人作りを始めたのだ。今やモロッコ占領地・西サハラには、約15万のモロッコ人入植者が約10万の西サハラ地元住民を凌駕している。モロッコ占領地・西サハラに展開するモロッコ兵は約16万にものぼる。

　赤土色のラユーンに、モロッコ製の白い建物が急増してきた。ハッサンⅡ世サッカー場、ハッサンⅡ世モスク、ハッサンⅡ世空港、ハッサンⅡ世広場…。なんでも故ハッサンⅡ世（1929～1999）の名前が付いている。

　そして、ハッサンⅡ世の白い建物に入れない西サハラ被占領民を待っているのは、赤土色の監獄だった。物言えば逮捕、集まれば逮捕、西サハラの旗を振ったら逮捕…。モロッコ占領地・西サハラに住む西サハラ住民は、まともに口もきけないし身じろぎもできない。

モロッコ占領警察に逮捕されたら…

　たまたまデモの傍にいてモロッコ警察に拘束された女子高校生、ライラの体験を紹介する。

　「デモを見ていたらモロッコ警察のスパイに捕まった。奴らは、警棒やピストルや自動小銃で武装した私服のモロッコ人入植者たちだ。奴らは私に手枷をはめ、助平

今もモロッコ当局のお尋ね者ライラ（提供 SPS）

な言葉を浴びせながら、殴る蹴るの暴行を加えた。その後〈公民館〉に引きずり込まれ、尋問と拷問が続いた。2005年の文化集会で一斉逮捕される前の〈公民館〉は、みんなの集会場だった。でも、今は他の公共施設と同様に、拘留と拷問の〈モロッコ地獄〉になっている。

　午後5時頃、私は十数名の西サハラ人逮捕者と一緒に、車に詰め込まれた。みんなの顔や体は拷問で血まみれになっていた。

　モロッコ占領警察署に着くや否や、私は汚れた細い布で目隠しをされ、夜中まで拷問され尋問された。モロッコ警察はデモ指導者と平和活動家の情報を欲しがった。

　私が拷問され尋問されている間、他の部屋から多数の悲鳴やうめき声が漏れてきた。女、男、子供…、拷問の犠牲者たちは年令と性別が入り混じった西サハラ住民の声だった。

　隣室に、数人の若いのが連行されてきた。彼らは刀やナイフで武装しているようだった。だが取調べが進み、結局間違い逮捕だと判明した。奴らはマラケシュなどから来た、モロッコ人入植者たちだったのだ。

　明け方近く、警官と女拘留者数人との口論が耳に入ってきた。女たちは西サハラの伝統衣装を着ていたため、間違って逮捕されたモロッコ入植者たちだった。結局、モロッコ国歌を大合唱して釈放された」

　翌日、ライラが帰宅しないのを心配して、兄と父が警察へ探しに来た。モロッコ当局の役場で雑役夫をやっていた父は、ペコペコ頭を下げ続け、「モロッコ王様万歳」を三唱して、警察からライラを救いだした。

　警察からの帰り道、3人は舌を出して肩で笑い合った。

アリの脱出

　学年は違っていたが、アリと4人の仲間はハッサンⅡ世学校の不登校高校生だった。2005年の西サハラ平和文化集会の後、モロッコ占領当局は校内に警官を常駐させ、西サハラ人学生の動きを監視していた。占領当局から目をつけられていた5人が登校すれば、間違いなく逮捕される。

　もっとも、モロッコ王万歳で始まり終わる授業などに、アリたち5人は出席する気など全くなかった。

「やってらんない！」

　小学校でも中学校高校でも、教室の中ではモロッコ入植者子弟と西サハラ被占領民子弟とは、二つに区切って座らせられた。かっての、南アフリカにおけるアパルトヘイト人種隔離や、アメリカでの黒人差別と同じだ。校庭の使用も、サッカーボールの使用も、モロッコ入植者生徒が優先で、西サハラ人生徒には厳しく制限されていた。バカロレア大学進学試験への門戸も、西サハラ人生徒には閉ざされていた。校内で、〈西サハラ〉という呼称を使うことは禁じられ、〈南サハラ〉とか〈モロッコ・サハラ〉と言わされた。〈西サハラ独立〉を口にしようものならモロッコ占領警察に通報され、モロッコ

モロッコ占領地・西サハラでモロッコ占領当局の
拷問を受けた人（提供SPS）

占領警官が飛んできて、拷問が待つ〈暗黒監獄〉に押し込まれる。アリたちの居場所など、学校には全くなかったのだ。

　アリたちは学校のインターネットを使わせてもらえず、かといって西サハラ人居留区にあったインターネットカフェに出かけても、モロッコ占領

警官が張り込んでいて、入ることさえままならなかった。

　2007年、アリたちが不登校高校生になって、4年ほど経っていた。
　当時、アリたちの家にはパソコンがなかった。国際情勢、西サハラの歴史、特に西サハラ難民政府の活動状況などを、先輩活動家サッバールの私塾で学んでいた。〈西サハラ塾〉と仲間内で呼んでいたが、机や椅子などない。擦り切れた絨毯が敷かれた20畳ぐらいの部屋の隅に、テレビとパソコンと本が積まれている。アリなど若い活動家たちのために、塾は24時間解放されている。日暮れの祈りが済んだ後、先輩の活動家たちが西サハラ独立運動史や西サハラ難民キャンプの状況を講義してくれた。さらに、モロッコ占領当局の残酷で劣悪な獄生活を体験した先輩は、監獄の「快適な」過ごし方も教えてくれた。そして異口同音に「逃げろ！　捕まるなよ。一度でも捕まったら一生、監獄に里帰りすることになる」と、しつこく釘を刺した。
　塾長のブラヒム・サッバールは2005年5月7日にラユーンで、ASVDHという名のNGO平和組織を立ち上げた。ASVDH（Sahrawi Association of Victims of Grave Violations of Human Rights Committed by the Moroccan State）は、〈モロッコ当局が犯した重大な人権侵害による犠牲者のための西サハラ人組織〉のことを言う。アミナトなど、モロッコ占領当局による犠牲者やその家族を援助する組織で、モロッコの言うがままに作ったにもかかわらず、モロッコ占領当局の認可は得られず非合法組織の扱いを受けている。

モロッコ占領警察の夜襲

　非合法の西サハラ住民平和活動家たちや人権侵害犠牲者を助ける非合法組織ASVDHに対して、社会正義を提唱する欧州NGOが2007年度シルバーローズ賞を贈った。

　2007年12月17日夜、サッバールの家でシルバーローズ受賞を祝い、2008年の運動方針を相談する集まりがあった。西サハラ人はいつでもどこでも、人を招待したら、まず、主人かそれに代わる者が西サハラ式に甘茶を立てる。炭火にのせた琺瑯びきの急須に、砂糖とお茶の葉と水を入れて煮る。煮あがったら小さいガラスのコップに初甘茶を注ぎ、別のコップに移し替え、再び元のコップに戻す。3度ほどやるとまろやかな甘茶に仕上がり客にふる

モロッコ占領地の地下活動家リーダー・アハメッドとサッバール

まわれる。この甘茶道は、サハラ砂漠に住む遊牧民に共通の習慣で、マリ、モーリタニア、アルジェリア、チャド、リビアのトアレグ族も同じ作法で甘茶接待をしてくれる。

　茶会が済むと大きなビニールシートが敷かれ、家人が三つの大盆に鶏肉と米となすびとアーモンドの煮込み飯を、てこもりに盛って運んできた。手づかみで炊き込みご飯を食べながら盛り上がる19人の先輩活動家たちを横目に、アリたち5人の学生組織は肩身も狭く隅っこに縮こまっていた。「おれたちも何かしなくては…」と、口には出さなかったが、5人の思いは同じだった。

　突然、サッバールの家人が「モロッコ警察が路地に入ってきた」と告げる。「お前たちは逃げろ！」と、サッバールはアリたちを促した。そして、サッバールや先輩活動家たちは車座もそのままに、宴会を続けた。土足で雪崩れ込んできた警官たちに「一緒にやりませんか」と、サッバールは料理を勧めた。返事の代わりに、警官たちはビニールシートをそのままひっくり返した。鶏肉となすと米にまみれたまま、サッバールたちは数珠繋がりでモロッコ警察の護送車に放り込まれた。

　アリたち5人は中庭の木から屋根に登った。屋根伝いに逃げるアリたち、、星明りの下で付近一帯をモロッコ警官や治安部隊が慌ただしく蠢いている。

自宅の前にも警官が張り込んでいた。アリたち5人は建物の影から影へ隠れながら、海岸の漁師小屋に逃げた。

「おれはやるぞ！」アリは囁いた。〈やる〉とは、逃げることだ。

「一緒に来たい奴は、明日の朝8時、ここに来い。タクシーで行ける所まで走る。大きいリュックはしょってくるな！　いつもの恰好で来い。金は持ってこい」と言いながら、アリはポケットを探る。小銭の感触しかなかった。アリはサデイクにタクシーの手配を頼んだ。

「安くするように親父に交渉してもらえ」サデイクの親父はレンタカー屋に隣接するバラドール・ホテルで、夜警をしている。

アリはその夜、家に帰らず漁師小屋で寝た。

オリオン座が大西洋の海上に輝いていた。オリオンの右肩にはペテルギウス星が赤くにじんでいた。

2007年12月18日午前8時

「時間だぞ！」

ぼやけたアリの目を眩しい光が射し込んだ。四つの影がアリに覆いかぶさってきた。マライニン、ガリ、サデイクそしてバシルもいた。

「いくら持ってきた？」

アリはまず、みんなの持ち金を確かめた。合わせて1,500モロッコ・デイルハム（約17,250円）しかない。逃げる先は約1,500キロ離れたアルジェリアのティンドゥフにある西サハラ難民キャンプ、西サハラ難民政府の拠点だ。だが、誰も地図を持っていない。アリが腕時計に付けている簡単な磁石、それだけが頼りだ。「俺たちは砂漠の民・ベドウィンだ。アッラーがついている。そして星たちが案内してくれる」と、5人は旅の無事をアッラーに祈り、漁師小屋を出た。

漁師小屋の前では、グランタクシーと呼ばれる1970年製ベンツの乗合タクシーが、エンジンをふかしていた。「ヤッラー（行くぞ）」と、運転席から顔をのぞかせたのは、顔見知りの西サハラ人サレハだった。「サバーハ・ルヘイル（おはよう）アナー・ヤバニーヤ」と、助手席からニコニコしながら女が挨拶した。5人は見知らぬ珍客に戸惑ったが、運転手は出発を急がせた。

「この日本人の古都スマラ見物ということで、ラユーンの検問所を軽く通過できた。彼女は明日の朝、ラユーン空港からカサブランカに向けて出発する。タクシー代や食費は彼女が払うからネ」

　4人がけの後部座席には安手のリュックが四つと、ミッキーマウスがついたお子様用リュックが無造作に積まれていた。ミッキーマウスはバシルがアリ用にとくすねてきた、弟のリュックだった。コッペパンが6つ入った紙袋と1リットルのペットボトル3本が、その上に載せてあった。パンと水は、パン職人の息子バシルが調達した。

　「俺がお前たちを運べるのはスマラの町までだ。スマラから砂の壁まで、俺の車は走れない。まともな道もないし、モロッコ軍が目を光らせているからね。砂の壁を越えて、難民キャンプまで送り届けてやりたいのは山々だけど」と話しながら、サレハは車を発進させた。

　車の前には運転手、アリ、日本人が、後部座席にマライニン、バシル、ガリ、サデイクが陣取った。大西洋を背にすると、中古のベンツはラユーンの町に入らずそのまま東に向かう。

　15分も走らないうちに、一本道は砂漠に突っ込んでいく。「この砂漠は難民キャンプまで続いてるんだ」と、助手席のガリはナビゲーターよろしく浮かれていた。

　バシルは、ランドセルを失くした弟の泣き顔を想像した。

　マライニンは、喘息に効くという薬草を古都スマラで手に入れようと考えていた。

　サデイクは、着替えのTシャツを忘れたことを後悔していた。

　アリは、根掘り葉掘り家族の事などを聞いてくる日本人に、ウンザリしていた。もしかしたら、モロッコのスパイかもしれないと疑い、寝たふりをした。そしていつのまにかグッスリ寝込んでいた。

　砂漠の一本道ほど退屈なものはない。平均時速60キロで30分も走るとガリの興奮も醒め、それぞれが脱出準備で忙しかった前夜の寝不足も手伝って眠り始めた。助手席の日本人だけは運転手のタバコに火を点けてやったり水を飲ませたり、居眠り運転にならないようにと気を配る。単調な砂漠の一本道は、運転手にとって油断できない鬼門だ。

　しかし、モロッコ警察に出くわさなかったこともあって、サレハは首都ラユーンから古都スマラまでの227キロを、4時間足らずで一気に無事に走ら

せることができた。

オアシスの古都・スマラ

　昼ごろ、砂漠の水平線に緑の塊が現れた。「スマラだぞ！」と、運転手が告げる。

　「やった！　ラクダの隊商がオアシスを見つけた気分だね」と、ガリが叫んだ。「調子こくな！　旅はこれから始まるんだぞ」と、アリはガリの振り上げた手をはらった。スマラの入口にあるモロッコ占領軍検問所を避けるため、車は道路から外れて砂漠から入った。

　オアシスを利用して創られたスマラの町は、モロッコ占領地・西サハラの首都ラユーンより古い。1887 年に西サハラの宗教指導者で部族長でもあるマー・エルアイニーンが、宗教と部族の本拠地として創設したのが、スマラの都だった。1912 年には息子の〈青いスルタン・エルヒバ〉がモロッコ南部のテイズニットで、フランス植民地軍に反発し蜂起の狼煙を上げている。反乱は失敗したが、彼の反骨精神と独立魂は、5 万のスマラ住民に受け継がれてきた。

　1942 年生まれのモハメド・シデイ・バッシリはスマラでコーランを教えながら、当時の植民地宗主国・スペインに反対する〈サハラ解放運動の地下組織〉を極秘裏で立ち上げていた。1970 年 6 月 16 日にバッシリは西サハラ自治権を求める嘆願書を、初めてスマラ・スペイン植民地当局に提出した。

モロッコ占領地・西サハラで、平和活動の女性を襲うモロッコ兵（提供 SPS）

だが、翌々日の1970年6月18日、返事の代わりにスペイン植民地当局はバッシリを逮捕した。バッシリの行方は未だに不明だ。

　スペイン旧植民地宗主国が西サハラから撤退し、モロッコが新植民地宗主国になってから、スマラもモロッコの占領下に置かれた。しかし、スマラにモロッコ占領当局の施設や警察があっても、ラユーンほどにはモロッコ人入植者がはびこっていない。

　車をタクシー乗り場に駐車すると、5人と運転手と日本人はスマラの市場に向かった。朝だけ商売をする八百屋は屋台の残骸しか残していなかったが、食堂の一つが開いていた。プラスチック製の白い椅子とテーブルが7セットほど無造作に並べられている。客は正午の祈りを済ませてからくるので、誰もいなかった。西サハラ人の主人が厨房から、前掛けで手を拭きながら出てきた。運転手のサレハと主人は顔見知りだ。

「アッサラーム・アライコム（あなたに平安を）」

「アライコム・サラーム（あなたにも平安を）」

「カイファ・ハールコム？（みんな元気かい？）」

「カイファ・ハール・ウスラトコム？（家族は元気か？）」

「カイファ・ハール・アーイラトコム？（ご両親は元気にしてるか？）」

　砂漠の民の長い挨拶がアラビア語で続く。挨拶儀式が終わってから、「5人分の水と粉を頼む」と、運転手のサレハは隣の席に座った5人を目で指して、食堂の主人に頼んだ。

　ほっとしたアリの腹がグーグーと空腹を訴えた。「先に食っとこうよ」と、5人はリュックからコッペパンと水を取り出し、運転手のサレハや日本人にも勧めた。「俺たちは、これ以上同行しないから遠慮しとくよ」と、サレハは笑った。

「明るいうちにラユーンの検問所に戻らないと、モロッコ警察にしょっ引かれるからな。お前たちをこのスマラまで運んだのは、俺じゃないよ。分かってるな」と、運転手のサレハは、色んなことを5人に聞きたくて席を立とうとしない日本人を急かした。

　ラユーンに帰るタクシーの中で日本人は、「あの5人は、これから歩いて地雷壁を越え、砂漠の向こうのアルジェリアにある西サハラ難民キャンプに行こうとしているの？」と、運転手に聞いた。「そうだ」と運転手は短く答

えた。

「難民キャンプまで何キロあるの？」

「スマラから 1,500 キロ以上ある。このルートが最短距離だ」

「キャンプに辿り着けると思う？」

「これまでに 7 組ほど、ラユーンからスマラまで運んだ。結果は知らない。しかしネ、モロッコ占領地・西サハラにこの若者たちの居場所はない。まして学生運動などできるわけがない」と、運転手の顔が曇った。二人は黙ってしまった。タクシーは日暮れ前にラユーン検問所を無事に通過し、日本人は翌日のモロッコ王国航空でカサブランカに飛び立った。

アッラーフ　アクバル（神は偉大なり）

　食堂の主人が、2 リットルの水が入ったボトルを 3 本と、魔法の粉 1 キロが入った袋を二つと、1 キロの砂糖袋と半キロの茶が入った紙袋をそれぞれ一つずつ運んできた。魔法の粉とは砂漠の民の緊急予備食品で、穀物の粉末と種を磨り潰した物にモロヘーヤの粉を混ぜてある。「お茶のコップで水に溶いて飲むんだよ。一杯で元気になる。全部まとめて俺の差し入れだ」と、主人は金を払おうとするアリの手を抑えた。そして、小さいガラスのコップを 5 個、琺瑯の急須、それにマッチもおまけに付けてくれた。「スマラから砂の壁のふもとの集落まで古い道がある。ラユーンと逆方向に行くんだ」と、

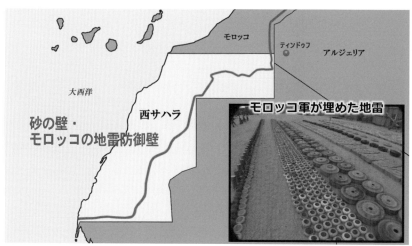

地雷防御壁の説明地図

食堂の主人は5人の脱出者に教えた。

　午後4時半、夕風が吹き始め、陽が傾きだした。
　「ハイヤー・イラーッサラー（いざ、礼拝へ来たれ）」と、モスクのミナレットから夕暮れの祈りを告げるアザーンが響いてきた。
　スマラの住人に混じって5人は、1830年に築かれたというザウィ・マライン砦の中の、由緒あるモスクに吸い込まれていった。かつてはイスラム教の図書館があり、宗教学習のメッカになっていたという。スマラの住民は人一倍敬虔なイスラム教徒だ。

　「アッラーフ・アクバル（神は偉大なり）、　アシュハド・アン・ラーイラーハ・イッラーラー（神は一つだと、私は証言する）、アシュハド・インナ・ムハンマド・ラスールッラー（ムハンマドは神の使徒だと、私は証言する）」
　祈りを済ませた5人は、歩き出した。

アリの砂漠

　アリとマライニンとガリの三人は、水2リットル入りのボトルを1本ずつ、バシルは魔法の粉袋を、サデイクは茶道具をと、分担して運ぶことにする。ミッキーマウスのリュックを背にしたアリを先頭に、5人の仲間は夜になるまで公道を外して砂漠を歩いた。スマラの町から地雷防御壁〈砂の壁〉のふもとにある集落までは、約45キロある。

モロッコ兵が駐屯する〈砂の壁〉

　一本道は西へ行けばモロッコ占領地・西サハラの首都・ラユーンへ、反対は地雷防御壁の〈砂の壁〉に向かう。太陽が沈むと満天の星空が広がった。星明かりの下で物が動くと目立つ。車のライトが近づいてくると5人は砂山に隠れて、ピタッと動かず車をやり過ごす。人の住まない立ち入り禁止地帯

西サハラ難民軍が作った地雷防御壁・砂の壁のミニチュア

を走行するのは、紛れもなくモロッコ軍用車かモロッコ当局の車だ。

　道の行く手に明かりが見えた。スマラの食堂で教えられた集落だ。〈砂の壁〉で駐屯するモロッコ兵たちの補填所で、寝泊まりしているのはモロッコ兵だ。集落まで400メートルぐらいの距離に近づいた時、5人は砂山の陰で休んだ。アリの腕時計は1時を指していた。

　「よく頑張ったな！」と、アリはバシルの土踏まずをこすってやった。「こんなに歩いたのは、生まれて初めてだ」と、偏平足のバシルは誇らしげにVサインをした。「俺だって初めてだ」とマライニン。「誰にとっても初めてさ。さ〜て、これからもっと、おっかなくて初めてなことが、一杯あるんだろうな」とアリは、みんなというより自分自身に言い聞かせた。

　アリたちはサッバールが主催する活動家養成塾で、「地雷防御壁・〈砂の壁〉は1981年から1987年にかけてモロッコ軍がイスラエル軍高官の指導で作った。西サハラ難民軍ポリサリオ戦線がモロッコ占領地・西サハラに攻めてくるのを止めるためで、西サハラの北から南へ2,500キロもある瓦礫の防御壁だ。高さは2〜3メートルと低く、壁の上には幅5メートルの道があり、モロッコ兵がパトロールをしている。2キロ位の間隔でモロッコ軍の監視塔が点在していて、要所要所にレーダーを設置している。モロッコ軍は約600万個の地雷を西サハラ解放区側に埋めている」と、〈砂の壁〉の基本情報をたたき込まれていた。「僻地のモロッコ兵はハシッシをやっている薬中（ヤクチュウ）だ。安心しろ俺たち西サハラ人の敵じゃない。恐れるに足らず」と、煽られていた。地雷は、〈砂の壁〉の手前のモロッコ側にはないとも聞かされていた。

　しかし、400メートル先に立ちはだかっている〈砂の壁〉は、2〜3メートルの瓦礫ではない。6〜7メートルはあるコンクリート壁なのだ。

　「マジかよ！」と、強固な要塞〈砂の壁〉を見上げて、アリはガックリした。「真夜中のうちに〈砂の壁〉を越えないと…」とバシル。「バシル、扁平足は大丈夫か？」とマライニン。「お前こそ咳込むなよ」とバシルがやり返す。アリは「〈砂の壁〉は楽に越えられる」と安請け合いしていた活動家を思い出し、「クソッ！　嘘つきめ、自分の目で見てから人に言えよな！」と、舌打ちした。長いからだを丸めてサデイクは黙々と五つの小さいガラス・コップに魔法の粉を入れ、水を注ぎ、枯れ枝でかき回した。

モロッコ、サソリ、サイドワインダーで危険が一杯

　午前2時、正確には2007年12月19日午前1時55分、5人は〈砂の壁〉に向けて出発した。

　集落の明かりは消えていた。丸いドームの屋根と白い漆喰塗りの小屋は、モロッコ独特の作りだ。5人はまるで宇宙の見知らぬ星に迷い込んだ錯覚に陥りながら、足音を忍ばせて小屋の脇を通る。「ゴホ、ゴホ」と、咳の音が小屋の中から。喘息持ちのマライニンは思わず自分の口を押えた。

　4軒の小屋の脇から、一本の細い旧道が砂の壁に向かっている。砂の壁がなかった頃には、この道はそのままサハラ砂漠を越えアルジェリアのティンドゥフ難民キャンプまで繋がっていたのだ。7メートルはあるコンクリートの〈砂の壁〉を前にした5人は、思いも暗く立ち止まった。その時、サーチライトの光が壁の頂上から鋭く回ってきた。5人は地上に伏せた。ガラスのコップが音を立てた。

　サーチライトが去った後、サデイクは自分のウィンドブレーカーを脱ぎ、それにガラス器と急須をくるんでリュックに詰め直した。冬の砂漠は夜になると零度近くに冷える。「寒いけどモロッコ兵に捕まるよりはましだ。歩けば暖かくなるさ」と、サデイクは小声で笑った。サデイクの言葉がみんなの腰を上げさせた。前進するしかない。

　壁に向かう坂道の先に、日除けの屋根をつけた詰所が見えた。この坂道を進めば「飛んで火にいる…」ことになる。5人は壁伝いに南に向かって歩き、コンクリートで補強していない瓦礫の壁を探した。2キロ毎に壁の上で人の声や物音がする。「クソッ！　何がボロの瓦礫だ。何がハシッシ中毒だ！」今更ながら、活動家たちがくれたいい加減な情報に、5人は暗澹とした。

　時折回ってくるサーチライトに身を伏せながら南に1時間ほど歩いて、コンクリート製の高い壁が瓦礫の古い壁に代わる所に、やっと辿りついた。

　高さは4メートルぐらいだ。5人は意を決して瓦礫を登り始めた。一歩踏み出す毎に瓦礫が崩れる。その時、頭の真上で、「何の音だ？」と、モロッコ兵の声がした。「うるせえな、起こすなよ、自分で見て来い」と別の声がした。5人は凍りついた。5人は後ずさりで壁を降り始めた。その時、アリが動かした瓦礫の下で、飴色のサソリが猛毒の尾を立てて威嚇しているのを、

ガリが見つけた。「！！！」声を出すわけにいかず、ガリは前にいたアリの
リュックを引っ張って危険を知らせた。みんなサソリから逃げたかった。だ
が瓦礫が動けば別のサソリが、そしてサソリよりもっと猛毒を持った砂漠の
毒蛇・サイドワインダーが斜めに構えてすり寄って来るかも知れない。額に
は脂汗、喉はカラカラ、5人はストップモーションのように同じ姿勢で壁に
へばりつくしかなかった。

　それから20分後、モロッコ兵の寝息が聞こえてきた。5人は壁を降り、
さらに1キロ南下する。そして、瓦礫が崩れて2メートルぐらいの高さになっ
ている箇所を見つけた。ここしかない、登れる場所は…。5人は匍匐前進の
壁登りを強行した。

　まずアリが登り、耳と目と全神経を尖らせてモロッコ兵の様子を窺った。
1キロ南と1キロ北に日除けのついた監視所がある。人の気配はない。「今
だ！」アリは壁の下に合図を送った。偏平足のバシルを挟んでガリとマライ
ニンが這い上がってきた。最後に茶道具を背負ったサデイクが瓦礫にリュッ
クをぶつけないよう用心しながら登ってきた。アリは巡回兵が来ないのを確
かめてサインを出し、一人ずつ壁の頂上の道を、腰をかがめて横断した。仲
間全員が無事に道の反対側についたのを確かめて、アリは3メート幅の道を
ゆっくり歩いた。「バイバイ、モロッコ占領地！」と、心で叫んだ。

　〈砂の壁〉を降りた5人は止まらずに、そのまま逃げた。モロッコ兵から、
サソリから、サイドワインダーから。〈砂の壁〉から一時間ほど歩いた時、
バシルがうずくまってしまった。

　バシルの足の裏は腫れ上がっている。バシルが倒れると他の4人も将棋倒
しのようにへたばった。5人ともハイカットでないスニーカーだったから、
砂が靴に入り込んできて、疲れ切った足を容赦なく痛めつけていた。

　アリの腕時計が4時30分を指している。〈砂の壁〉は地平線から消えている。
　それでもアリは用心して、砂丘の陰で休憩することにする。
　5人とも。口がきけないくらい喉が干上がっている。
　サデイクはリュックからガラスコップを出し、魔法の粉を水に溶かし配る。
「とりあえず乾杯！」と、音頭を取ろうとしたマライニンが咳込んだ。アリ
がマライニンの口を塞いだ。「クソッ！　安心するのは早すぎるだろ。モロッ
コ軍に聞こえたらどうする」

「後4キロ、頑張って歩こう。とにかくモロッコ軍から離れよう」と、アリは4人の仲間を促した。

地雷の川を渡る

　モロッコ兵の脅威に続いて、モロッコ軍が埋めた地雷原の危険が5人を待ち構えていた。

　〈砂の壁〉の予想は外れた。ましてやモロッコ軍が地雷をどこにどれだけ埋めたのか、5人には想像すらできなかった。ただ、〈砂の壁〉の西サハラ難民政府側で、地雷を踏んで命を落としたり足を失う遊牧民や動物の犠牲が後を絶たないとは聞かされていた。

　「北部の〈砂の壁〉は、涸れ川・ワジに添って作られているそうだ。モロッコ軍は地雷を、〈砂の壁〉と涸れ川・ワジの間に埋めたと言われている。地雷は雨で流されることが多い。雨期になると川になる涸れ川・ワジは、地雷を運ぶ役をする」と、ガリはサッバールの塾で仕入れたうんちくを披露する。「またかよ、塾の情報は聞きたくない。早く涸れ川・ワジを見つけようぜ！涸れ川・ワジで地雷に出くわしたら、お前を背負い渡ってみせるよ」と、足の痛みをこらえてバシルが先頭を切った。

　砂の壁を背にして、5人は歩き出した。アリの磁石に従って真っすぐ東に向かう。

　ちょうど1時間ほど歩いた。灌木と貧相な草に出くわす。午前5時45分、冬の空は未だ明けていなかったが、星空の下で天の川のような涸れ川・ワジが確認できた。

　「この川を渡れば一安心だネ」とバシル。「いや、なかなか…。涸れ川・ワジには流れ損ねた地雷が澱んでいるかも。川の向こうにも埋まっているかも。慎重に歩こうぜ」とガリ。そろりそろりと5人は約10メートル幅の涸れ川・ワジを渡った。慎重に歩こうが走り回ろうが、地雷原で地雷に出くわさなかったのは、アラーの御加護があったとしか言えない。無事に渡りきった5人は、ひざまずいてアラーの神に感謝の祈りを捧げた。

　「ラーイラーハ・イッラーラー、インナ・ムハンマド・ラスールッラー（神は一つ、ムハンマドは神の使徒）」

アリは砂漠の民

　地雷原と涸れ川・ワジを越えた5人は、タルハという名の木の下で横になった。午前6時15分、冬の明け方は零度を切る。

　寝袋も毛布もない。アリとマライニンは長袖のシャツにジャージーのトレーニングウェアの上

西サハラ砂漠解放区の小オアシスで朝食を摂るラクダ

下、バシルとサデイクはジーパンにウィンドブレーカー、ガリはユルパンにフード付きパーカと、家族や周りに感づかれないよう、普段と変わらない軽装で脱出してきた。防寒具などは一切身に着けていなかった。

　夜露に濡れた砂は体温を奪っていく。5人は前後不覚に眠りの泥沼に陥っていくだけだった。

　咳の音で目が覚めたアリは、反射的にマライニンの口を塞いだ。だが咳込んでいたのはサデイクだった。太陽は既に上っていた。

　「風邪、ひいたかな？　腹の調子も悪い」と、サデイクは身を縮ませたまま野糞に出かけた。砂漠の風邪は、喉に始まって腹に入り高熱を伴う。

　アリは枯れ枝を集めてきてマッチで火をおこした。甘茶を立てて祝うにはまだ早いと思ったが、冷え切ったサデイクの体を温めてやらなければ…。小さい急須がガタガタと音を立て甘い香りが漂うと、他の3人も起きてきた。

　甘茶のおかげで、5人には砂漠の民・ベドウィンが乗り移った。ラユーンという町で生まれ育った5人だが、お祖父さんの代までは遊牧で暮らす砂漠の民・ベドウィンだった。

　ガリは腹を壊したサデイクのために、棘を避けながらタルハの葉を摘んだ。タルハの小さい葉は下痢にも便秘にも効く万能薬だと教えられていた。

オ～イ！ オ～イ！！

　5人はどこに行けばいいのかまったく見当がついていなかったし、西サハ

ラ難民軍ポリサリオ戦線がどこに駐屯しているのかも知らなかった。ただ一つ、〈砂の壁〉に沿った北部の西サハラ難民軍解放区には国連基地がないことを聞かされていた。昼の間、5人は涸れ川・ワジの傍を南に向かって歩いた。夜になると交代で起きて、明かりを、車のライトを探した。

西サハラ砂漠解放区を疾走する日産パトロール

　しかし丸二日間、何も見つけることができなかった。サデイクの下痢は止まらないし熱は下がらない。マライニンはパウダー状の砂で喘息をこじらすし、偏平足のバシルは歩きたがらない。みんな、動かなくなった。アリはうんざりしてきた。

　スマラから歩き出して4日目の夜、水と食料の再点検をした。5人全員に対して、水が5リットル、魔法の粉が1・5キロ、お茶が400グラム、砂糖が500グラム。これから何日間、救出を待つのか予想もつかなかった。そこで節約のため、魔法の粉を水に溶かしたコップ一杯の飲み物を、一日一人分と決めた。

　歩き出して5日目、夜明け前の祈りを済ませた5人は、ゾンビのように力なく動き始めた。東の空に朝焼けが広がった時、ガリが、積んだ石を見つけた。「人がいた跡だ！」ガリが叫んだ。そして、涸れ川・ワジから10メートルほど離れた所で墓を見つけた。かってモロッコとの戦闘で殉死した西サハラ難民軍兵士たちの墓地だった。さらに墓参をした跡もあった。やっと人の気配に辿り着いたのだ。9時か10時頃、路肩の石につけられた青い道しるべを見つけた。MINURSO ミヌルソ（国連西サハラ人民投票監視団）の車が通った証拠だ。5人はその轍を辿った。

　遠くを一台の車が横切っていく。だが、国連の車ではなかった。しかも5人にはまったく気づいていない。5人の姿は強い太陽の光でかき消されてい

た。

「やばい！　行ってしまうぞ！」

5人は車に向かって手を振った。上着を振った。ミッキーマウスのリュックも振った。だが、車はそのまま走り過ぎて行った。もう仲間の顔もみたくない、仲間と口もききたくない。動きたくない。5人は砂の上に崩れ落ちた。面倒くさい、このまま死んでもいいや。意識も朦朧としてきた。

モロッコ占領下の首都・ラユーンを脱出して、すでに5日目に入っていた。

11時過ぎ、はるか遠くを歩く、二つの影がアリのぼやけた目に映った。アリは疲れきっていたが、影に向かって走った。ヨレヨレ走った！　このチャンスを逃すわけにはいかない！　他の4人は動かなかった。バシルは足が痛くて、サデイクは熱と腹痛でとても動くどころではなかった。

二つの影はモスグリーンの戦闘服を着てカラシニコフの自動小銃を持った西サハラ難民軍ポリサリオ戦線の兵士たちだった。5人の脱出が成功した瞬間だった。

西サハラ難民軍ポリサリオ戦線の最前線

「いや～その気分と言ったら、もう大声を上げて走りまわったよ！　最高に幸せだった。

嬉しかったね！　飛び上がって、抱き合って、兵士からも頭をこずかれて、もう滅茶苦茶にされたよ！！」

後になって、アリは出会う人ごとにその時の喜びを話した。でも、言葉ではとても表現しきれず、今だにモヤモヤしている。

それから、5人と兵士2人は涙でくしゃくしゃになりながら、涸れ川・ワジの近くに止まっていたトヨタのランドクルーザーに乗った。そして車で、西サハラ難民軍ポリサリオ戦線の前線基地に向かった。水平線に巨岩が数個現れた。車は岩の一つに横づけする。自然の岩をくり抜いた基地だった。第4軍団の管轄下にあり、〈砂の壁〉に一番近い最前線だ。

甘茶が立てられ、大きな盆に羊の丸焼きが運ばれてきた。常駐している12人の兵士と5人は車座になって、手掴みで肉をちぎり思いっきり頬張った。

午後になると砂嵐が始まる。この地方の冬は、砂嵐が5日、晴天が5日の周期で変わっていく。「ベドウィンのテントへ行くけど、お前たちもくるか？」と兵士が誘ってくれた。

　腹具合の悪いサデイクと動きたくないバシルを残して、アリ、ガリ、マライニンの3人は兵士に被り布・シャーシュを西サハラ式に頭から巻きつけてもらい、ピックアップの荷台に乗った。荷台には砂が巻き込んでくる、次から次へと大きなバウンドが襲ってきて、3人は放り出されそうになる。突然、車は前のめりに急停車した。「おれの子羊を見かけなかったか？」と、砂塵を透かして一人の砂漠の民・ベドウィンが立ちはだかっていた。「見つけたらテントに届けておくよ」と、助手席の若い兵士が答える。「さっき食べた子羊だぜ」と、3人は荷台で首をすくめて笑った。1時間ほど走るとベドウィンの黒いテントがバタバタしていた。

　テントの中では子供たちが4人、板に書かれたコーランをお祖父さんに教わっている。傍でお祖母さんが羊の皮袋に入れたラクダのミルクを揺らしてバターを作っている。お母さんが甘茶を立ててくれる。「ジャミーラは？」と、若い兵士が娘の姿を探した。「お父さんと一緒に子羊を探しに出かけたよ」と、お母さん。「え？　さっき歩いてたのが…。車に乗せてあげたのに！」と、

西サハラ砂漠解放区で、破壊されたモロッコの戦車

34

若い兵士は悔しがる。前線基地で焼いたパンとラクダのミルクを交換すると、未練たらたらの若い兵士を促してベドウィンのテントを後にした。砂嵐はまだ止まない。

　道なき砂漠は地形を知る西サハラ兵士でなければ走れない。そのベテラン・ベドウィン・ドライバーでも酷い砂嵐には勝てない。その日は移動せず、5人は岩の前線基地で眠った。

　翌日、5人は第4軍団のムヘイリーズ司令部へジープで移動した。5人が救出されたことは無線で西サハラ難民キャンプの難民政府に報告されていた。砂漠には電線も電話回線もない。交信は昔ながらの無線で行われている。「おめでとう！　砂嵐が治まったら迎えに行くよ」と、返信があった。それからの数日は王様扱いで、5人は夢見心地のまま過ごした。「ラユーンの家族や活動組織にも脱出の成功を伝えておいたよ」という副司令官の言葉が、5人にとって何よりの勲章だった。

　「やったぜ！　母ちゃん！」アリはモロッコ占領地・西サハラの空に向けてVサインを送った。

第2話

アルジェリアの難民キャンプに合流

（難民の生活、45 年の難民受難史、難民の指導者）

西サハラ難民キャンプと民族衣装の女性たち

アリの難民キャンプ合流

　5人を難民キャンプに運ぶトヨタのランドクルーザー2台が、西サハラ難民軍ポリサリオ戦線ムヘイリーズ第4軍団司令部に着いたのは、年が明けた2008年になってからだった。

　ムヘイリーズからアルジェリアのティンドゥフにある西サハラ

西サハラ砂漠解放区で、パンクしたタイヤを
入れ替える難民兵士

難民キャンプまで約450キロある。順調にいけば早朝に出発して早めの午後には難民キャンプに着くコースだが、そうはいかない。道なき砂漠のラフロードだ。2度のパンクで足止めを食った。

　途中のティファリティやビル・ラフルには西サハラ難民軍ポリサリオ戦線の司令部があり、甘茶をしたり食事を摂ったりする。ムヘイリーズを含むこれらの3地点にはミヌルソ MINURSO という名の国連 PKO 基地がある。だが5人は立ち寄らなかったし、その必要もなかった。5人の移動は既に、西サハラ難民政府からミヌルソ MINURSO に報告されていた。ミヌルソ MINURSO とは、国連西サハラ人民投票監視団の略語だ。

近づく天国？　西サハラ難民キャンプ

　午後6時過ぎ、運転手が「そろそろ着くぞ」と、叫んだ。その言葉に曳かれて地平線にアンテナや給水塔が出てきた。西サハラ難民キャンプ亡命政府があるラボニ・センターだ。ラボニ・センターはアルジェリア最西端の軍事基地ティンドゥフから約50キロ南下したサハラ砂漠に位置している。

　約20万人と言われる西サハラ難民は、ラボニ・センターからさらに南下した5つの難民キャンプ群に分かれて暮らしている。それぞれの難民キャンプには、ラユーン、スマラ、アウセルド、ダハラ、ブジュドゥールと、故郷西サハラの町々の名前が付けられている。一つの難民キャンプに、約5~6万の西サハラ人が暮らしている。伝染病の蔓延を恐れたUNHCR国連難民高等弁務官は、それぞれの難民キャンプを30キロ以上離して設置した。だが、不便極まりない。難民が他のキャンプへ行こうと思ったら、通りかかった難民政府の車に便乗するしかない。とは言っても、道路もなく砂漠に奥深く入った難民キャンプまでは難民政府も頻繁に車を走らせる用などないから、隔離状態になってしまう。

　基本的に、難民キャンプはガス水道電気不完備だ。インフラ状況は非常に貧しい。

　電気に関して、アルジェリア軍事基地ティンドゥフから近い距離にあるラボニ・センターとブジュドゥール難民キャンプまではアルジェリアの電線が届いている。だが、ラユーン、スマラ、アウセルド、ダハラと、サハラ砂漠に深く入った難民キャンプには電力の供給はない。難民は貧しい中古のソーラパネルで仄かな明かりを点けている。一つの難民キャンプには万屋が数軒あって、その内の1，2軒は中古の自家発電機で起こした貧しい電気で、懐かしい裸電球をブラブラさせている。

　水、水…、これが問題だ。難民キャンプの大部分はアルジェリアから貰い水をせざるをえない。ラボニ・センターから190キロも離れたダハラに難民キャンプを設置したのは、地下水脈があったからだが、サハラ砂漠の水は塩分が強く飲料水にも農業にも使えないのが現状だ。ラユーン・キャンプにも井戸があるが、ショッパくて飲めたものではない。最近になってスペインNGOの援助で、含塩水脱塩造水装置を設置した。しかし、絶対

西サハラ砂漠解放区で、昼食の用意

量は圧倒的に足りないし、この装置をもってしてもサハラの水で石鹸の泡を立てることはできない。相変わらず、アルジェリアからくる貰い水のお世話になっている。そして、塩分過剰で高血圧や腎臓病に悩まされている難民の数は、増える一方だ。

「アハラン・ワ・サハラン（よく来たね）」

脱出英雄の５人は、とりあえず、難民キャンプを訪問する外国人専用のラボニ・センター宿泊所の一室に放り込まれる。十畳ぐらいの部屋に40センチ四方の明り取りがひとつ、鉄製の簡易ベッドが７〜８台あるだけ。同じ作りの部屋が10個ぐらいあって、宿泊所というより収容所と言った方がピッタリくる。しかし、他の難民キャンプと違って、ここならアルジェリア政府が作った給水塔から水を分けてもらえるし、50キロ離れたアルジェリアのティンドゥフ軍事基地から電線も引っ張らせてもらえるし、食堂もあるし、難民政府機関も、ただ一つの病院も近い。何かと便利だ。共同便所の横にはシャワー室もある。ただし蛇口は壊れてるし、お湯は出ないし、水はけは悪い。それでも、欠けた鏡らしきものを壁に張り付けて、はるばる難民キャンプを訪ねてきた客人へ気を遣っている。

旅の砂をシャワーで落とした５人には、洗ったＴシャツと軍隊用のズボンが、簡易ベッドの上に用意されていた。

夜９時、５人はランドクルーザーに乗せられ、５分とかからない近所の大統領府に連れて行かれた。マッチ箱のような愛想のない建物は白壁で囲まれ、四隅に物見台があり難民軍が警備している。入口には破れた西サハラの国旗がぶら下がっている。それでも５人は、ボロボロの西サハラ国旗に限りない安心感を覚えた。やっと自分たちのアジトに辿り着いたという実感が胸をしめつけた。

西サハラの国旗は、パレスチナ国旗にイスラムの象徴である月と星をあしらったものだ。1973年に西サハラ独立運動を起こした創始者エルワリは、同じように難民の身で独立運動を闘っているパレスチナ人に憧れて、国旗も真似たとか…。かってイスラエル軍占領下のガザで、パレスチナ国旗が禁じられていたように、現在のモロッコ占領地・西サハラで西サハラ国旗を振っ

たら、たちまち監獄にぶち込まれる。

　「アハラン・ワ・サハラン（アラビア語でよく来たね）」と、カーキ色の軍事訓練服を着たアブドル・アジズ西サハラ難民大統領は、幅のある胸に5人を抱えこんだ。剥げた頭、浅黒い顔、口元は笑っていたが、メガネの奥の鋭い目が5人を凝視していた。数人の大統領補佐官も、モロッコ占領地脱出者5人の一挙手一投足を目で追った。「5人はモロッコのスパイかもしれない」と、西サハラ難民大統領府は、まず、疑ってかかっていた。20畳以上ある大統領執務室には粗末な応接セットと事務机にイス。サイドテーブルには今時珍しいダイヤル電話が置かれていた。5人は大統領執務室の冷たい雰囲気には頓着せず、無邪気に〈砂漠の大脱出〉を語った。大統領は羊の丸焼きを千切って、5人に配った。5人は肉を砂混じりのパンに挟み、ペプシコーラで流し込んだ。アリは肉汁が滴る手造りサンドウィッチを作って、料理に手を出さなかった大統領に勧めたりした。「ショコラン（アラビア語でありがとう）」と、初めて大統領は頬を緩めた。

　大統領の直属秘書2人が、5人の話を一言漏らさず記録していた。

　1945年、アブデル・アジズ大統領は、5人が通過した古都スマラで、砂漠の民・ベドウィンの子として生まれた。1978年9月の第4回ポリサリオ戦線大会でポリサリオ戦線議長とSADRサハラ・アラブ民主共和国大統領に選ばれて以来、西サハラ独立運動を引っ張ってきた。

西サハラ難民キャンプの外人宿泊所

　朝8時頃、「コミダ〜！　コミダ！（スペイン語で、飯だ！飯だ！）」と、シェフのアブドッラーが朝食を大声で触れ込み、ラボニ外人宿泊所の一日が始まる。ちなみに西サハラの母国語はアラビア語、第一外国語は元の宗主国スペインの影響でスペイン語、第二外国語は大家のアルジェリアに気を使ってフランス語だ。アルジェリアの元宗主国はフランスで、第一外国語は今もフランス語だ。

　5人の他にヨーロッパからきた支援のボランティアたちが30人ほど、ねぐらから出てきた。大半がスペイン人でイタリア人やドイツ人も混じっている。それぞれ、別々のNGO支援団体に属している。大部分のボランティア

たちは短期滞在で、本国との連絡係をしている。報道陣もここに放り込まれる。長期にわたって病院で働くキューバの医師たちは、病院が用意した宿泊所で寝泊まりをしている。キューバの医療援助は、医薬品提供や医療団の派遣だけではない。キューバは無償で西サハラ難民留学生を受け入れている。2015年7月24日には、約60人の西サハラ留学生のキューバ大学卒業式がハバナで行われた。そのうち36人は、外科医、X線技師、看護師など、医療専門家だった。一方、2015年7月20日にキューバと歴史的国交回復をしたアメリカは、西サハラ難民に対して全く人道援助をしていない。

　日干し煉瓦を積み上げただけの食堂は、殺風景でお粗末だ。大統領官邸を始め病院も学校も、建物は全て難民の手作りで、素朴と言えば素朴。小さな明り取りの窓が数個あるが、食堂の中は昼でも薄暗い。20畳ぐらいの部屋の中央に、両脇を長いベンチに挟まれた長い食事テーブルが一つ。コーヒーの入ったヤカンが3個、脱脂粉乳を溶かしたホットミルクのヤカンが1個、砂混じりでフランスパンもどきの長パンが3本。これが朝の外人用難民定食だ。支援物資の状況に応じてマーガリンやジャムがつくこともある。

　昼は2時ごろ、夜は8時ごろ。外人用難民食のメニューは毎日ほとんど変わらない。豆スープに煮物に砂混じりのパン。煮物の中身は支援物資の状況によって、魚の缶詰だったりマカロニだったりジャガイモだったり人参だったり。卵が時々でてくるが、肉の類には滅多にお目にかからない。厨房では、シェフ・アブドッラーの下でバラカとハデイジャの女性軍が、それなりに目先を変えた料理を作ろうと工夫しているのだが、何といっても素材は貧しい難民支援物資。半ばサバイバルの遊び気分で来ているヨーロッパ人たちが、こんな難民食に満足するわけがない。チーズや燻製ハムや肉の缶詰や菓子などを贅沢に持ち込んで楽しんでいる。酒？　西サハラ人はイスラム教徒だから、酒は御法度だ。でもウィスキーの空き瓶が、ごみ山に紛れ込んでいたりする。

占領地からの先輩脱出者たち

　5人のモロッコ占領地脱出者のもとには、西サハラ難民政府の要人たちが続々とねぎらいにきた。先輩のモロッコ占領地脱出者もやってきた。

　マライニーン・ラホールは2000年にアルジェリアにある西サハラ難民キャ

ンプへ脱出してき
た。彼は 1972 年
に、モロッコ占領
地・西サハラの首
都ラユーンで生ま
れた。19 才の時、
南モロッコのアガ
デール港で働いて
いた父のおかげ
で、アガデール大
学に入った。だが
アガデール大学の
西サハラ独立運動

モロッコ占領地から難民キャンプに脱出してきた
マライニンと筆者

細胞で活動を始めると、モロッコ占領警察から追われるようになる。逮捕状を持った警官が、1993 年、1995 年とラユーンにある実家に押しかけてきた。二度とも、父の所に逃げて占領警察をかわしてきたが、三度目の 1999 年にはモロッコ占領地とモロッコ本土の警察が合同捜索を始めたという噂が流れた。もうモロッコと名の付く所には居場所がないと悟った。

　2000 年 8 月、28 才のマライニーンと 20 才の弟と 31 才の従兄の 3 人は、モロッコ占領地・西サハラを脱出した。タクシーでダハラ港まで南下し、西サハラ人の漁民からボートを安く買った。ボートでモーリタニア領海に入れば、〈砂の壁〉を越える危険を避けられる。海からモーリタニアに入り、モーリタニアにある西サハラ・ポリサリオ軍に合流しようというのが、3 人の計画だった。しかし外海に出る前に、ボートはあっけなく大西洋の荒波を食らって沈没してしまった。

　海岸に戻った 3 人は、西サハラ漁民から食料の差し入れをしてもらい、〈砂の壁〉を目指して東に歩き出した。3 日後の夜、月明かりの下に〈砂の壁〉が現れた。〈砂の壁〉まで 1 キロメートルと近づいた時、3 人は砂山に隠れて甘茶を立てた。モロッコ兵に見つかれば、殺されるか逮捕されて 10 年の刑を食らうかだった。3 人は覚悟の甘茶を酌み交わした。「アッラー神のお蔭で」3 人はモーリタニアの国境に近い〈砂の壁〉を越えることができた。

　それから、50 度を超える日中は眠り、モーリタニアの砂漠を 3 晩歩いた

所で、モーリタニアを縦断する鉄鉱石運搬列車を見つけ便乗させてもらった。モーリタニアのズウェラットにある西サハラ難民政府事務所に到着した後は、楽ちん。直線距離で750キロメートル離れたアルジェリアにある西サハラ難民キャンプまでトヨタのランドクルーザーで送ってもらった。

　「ショックだったよ！　ガスライトを囲んで、カチカチの古パンを薄いスープにつけて食べている西サハラ難民の仲間を見た時は…。こっちは曲がりなりにもカラーテレビやシャワーがあるシティーライフだったからね。電気もテレビも水すらない。何もない動物以下の極貧生活。びっくりしたよ」とマライニーンは語る。彼は、その貧しさを受け入れて独立を目指す同胞に、感動したという。

　3カ月間の教育を受けた後、兵役を1年、教員を2年、SPS（サハラ・プレス・サービス）で2年通訳として働いた。2005年、マライニーンはUPES西サハラ作家ジャーナリスト協会を立ち上げ、会長になった。「世界の人に、最後のアフリカ植民地・西サハラの事を伝えたい。国連人民投票を待つ20万の西サハラ難民が、過酷な砂漠キャンプに閉じ込められていることを報せたい」と、マライニーンの意気は軒高だった。でも最近になって、「コンピューターにはウンザリしてきたよ。難民キャンプを脱出する日がきたら、コンピューターをぶっ壊して、羊を相手に暮らしたいね！」と、我笛吹けど踊らずの国際社会に、愚痴をこぼすようになってきた。

モロッコ占領地を脱出してきたラルーシと筆者

その後マライニーンは、西サハラ難民政府外務省の要職に就き、現在は駐ボツワナ西サハラ大使を務めている。

　ラルーシ、アブドッラーヒが初めてモロッコ警察に逮捕されたのは1992年、15才の時だった。デモで旗を振ったためだ。目隠し

をされ手錠をかけられ警察に連れて行かれ、袋を頭に被せられて滅多打ちにされた。3日間、飲まず食わずで家族の事、学校の事、仲間の事などを尋問される。2回目は1999年で7日間、3回目は2001年で2週間。3回目の収監の時、先輩の活動家2人が10年の刑を食らったことを知らされ、これ以上モロッコ占領地では生き延びれないと悟った。

2002年、3人の活動家と共にラユーンを脱出し、〈砂の壁〉を越え、西サハラ難民キャンプに合流した。その後4年間リビアに留学し、2006年にキャンプに戻ってから、モロッコ監獄に収監されたままの西サハラ政治囚を支援する活動をしている。「難民キャンプには仲間のモロッコ占領地脱出者がたくさんいる。勉強して兵役を終えて、好きな道を選べばいい。何を言っても逮捕されることはない。最初は俺も、難民生活の貧しさと、砂漠気候の厳しさにおったまげたサ。酷い所だけど、ここには占領地にない自由がある」と、ラルーシは5人にエールを送った。

5人はラボニ・センター外人宿泊所で、ゆるゆる過ごした。モロッコ占領当局に脅えながら暮らしていた毎日に較べ、あまりにも緊張感がなさすぎ、時の経つのを忘れてしまう。あっというまに1カ月が過ぎていた。

2月27日、西サハラ難民建国記念日

2008年2月27日は、第34回SADRサハラ・アラブ・民主共和国の独立記念日だった。

SADRサハラ・アラブ・民主共和国、という名の西サハラ難民亡命政府を立ち上げたのは、ポリサリオ戦線という名の西サハラ解放組織である。ポリサリオ〈Polisario〉は、〈Frente Popular para la Liberacion de Saguia el Hamra y Rio de Oro〉という超長いスペイン名の略である。日本語に訳すと〈サギア・エルハムラとリオ・デ・オロ解放のための人民戦線〉となる。サギア・エルハムラ（赤い涸れ川の意味）は西サハラ北部のアラビア語地名で、リオ・デ・オロ（金の川の意味）はサハラ南部のスペイン語地名である。以下に建国までの略史を表記してみる。

1884年、スペインが西サハラを植民地支配すると宣言。

1973年5月、西サハラ砂漠の遊牧民の息子、エルワリがポリサリオ戦線を創設。

1973年7月20日、スーパースター・ブルースリーが32才で死去

1975 年、スペインがモロッコとモーリタニアに西サハラを裏取引で秘密裏に分譲。

1975 年、アルジェリアが西サハラ難民キャンプの設置を許可。

1976 年 2 月 26 日、スペイン軍が西サハラから完全撤退。

そして、1976 年 2 月 27 日、建国宣言の日が訪れた。

その日、砂嵐が吹きすさぶ真夜中、ビル・ラフルと呼ぶ砂漠の寂れた中継点に、突然、約 500 人のポリサリオ戦線兵士と 30 人以上の取材陣がランドローバーから降り立った。車のライトが一斉にたかれ、ポリサリオ戦線兵士達に囲まれたモハンマド・ジウの姿が浮かび上がる。

「西サハラ全人民による民主主義とイスラム教を礎にした、サハラ・アラブ民主共和国（西サハラの正式名称）が誕生したことを宣言する」と、ジウは口早に読み上げた。

ライフル銃の先に、パレスチナ国旗にイスラム教の象徴である三日月と星をあしらった手描きの旗がつけられ、砂塵で蓋われた空に掲げられる。

西サハラ建国宣言は、スペイン占領軍が西サハラから撤退した翌日に急遽、行われた。

西サハラ難民軍・軍楽隊

　ポリサリオ戦線とサハラ・アラブ民主共和国の創設者、エルワリが建国宣言を急いだのには、四つの理由がある。

① 西サハラをスペインから不正に分譲してもらったモロッコとモーリタニアは、少しでも多くの土地を自国領にしようと軍事侵攻を急加速させていた。西サハラはまさに地図から抹殺されようとしていた。

② 西サハラ難民が国際機関から正式な援助を受けるためには、国という受け皿が急がれた。

③ ポリサリオは国連が容認する独立闘争組織で、盗賊まがいの武装集団ではないという証しが必要だった。それには国という体制が必須だった。

④ アルジェリアの難民キャンプと植民地西サハラとに分断された西サハラ民族の心を一つにつないでおくには、国という象徴がなによりも効果的だった。

　以上の4点が、エルワリをして西サハラ建国宣言を急かせたのだった。

アリと脱出第一号のエルワリ

　2008年3月に入って、砂漠に雨が続いた。「砂漠に雨？マジ？」と驚かないで欲しい。砂漠には洪水も起こるのだ。

　1994年以来の、2006年大洪水は酷かった。2月9日から11日の朝にかけて、アルジェリアのティンドゥフにある

大洪水で全壊した難民の泥小屋と UNHCR の簡易テント

西サハラ難民キャンプは局地的な大雨に洗われ、日干し煉瓦の小屋は溶けて砂漠の土に還ってしまった。50％以上の建物が全半壊し、6万人以上が住む場所を失ってしまった。国連のテントは5年でボロになり、新しい支給品はなかなか来ない。西サハラ難民は自分たちで日干し煉瓦を作って住んでいた。大洪水のおかげで日干し煉瓦小屋は溶かされてしまい、結局、廃物にしていた古いテントを引っ張り出してつぎを当て、文字通りのテント生活をせざるをえなくなった。

　「公共の建物」とは言っても泥小屋であるのは同じで、〈6月9日〉という名の全寮制難民中等高等学校も完全に崩壊してしまった。残ったのは、コンクリート作りの水飲み場だけだった。約1,500人の寮生と40人の先生たちはもう一つの〈10月12日〉全寮制難民中等高等学校に避難した。

6月9日博物館

　〈6月9日〉とは独立運動の創設者エルワリが殉死した日で、〈10月12日〉とはエルワリのもとに西サハラ民族が統一した日である。他にも建国記念日

を冠した〈2月27日〉女性訓練学校というのもある。エルワリ史と西サハラ独立運動史を集約した〈6月9日〉博物館は、〈6月9日〉全寮制難民中等高等学校にあったのだが、大洪水による崩壊後は〈2月27日〉女性訓練学校に移設した。〈2月27日〉女性訓練学校は、ブジュドゥールと名づけられた難民キャンプの中にある。

　モロッコ占領地を脱出した5人が、西サハラ難民キャンプでまず一番に会いたかったのは、西サハラ独立運動組織・ポリサリオ戦線の創設者でサハラ・アラブ民主共和国の創建者エルワリだった。エルワリのオーラを浴びたかった。エルワリのパワーを自分の体の中に浸み込ませたかった。

　2月27日建国記念祭の夕方、5人は憧れの人エルワリに会おうと、〈6月9日〉博物館の門を叩いた。博物館は時間外で閉まっていたが、管理をする西サハラ難民軍ポリサリオ兵士が、特別に開館してくれた。粗末なソーラパネルが供給する弱い蛍光灯の明かりで、旧式のライフル、難民政府発行の身分証明書、マネジュ（砂漠の人・ベドウィンの葉タバコ入れ）と小さなキセル、シャーシュ（砂漠の人・ベドウィンが頭に巻く長い布）等々、貧しく乏しいエルワリの遺品が辛うじて確認できる。

　エルワリの遺影は狼の目で5人を真っ直ぐ見ている。5人は初めて西サハラ独立運動の創始者エルワリに会った。モロッコ占領地・西サハラにエルワリの写真は全く出回っていないし、もし持っていたら、即、モロッコ占領警察に逮捕されてしまう。

　エルワリは武道家ブルースリーの大ファンで、「アチョー」と怪鳥音を発しては空手のポーズを取っていたという。

　アリは、砂漠の民・ベドウィンの戦闘服を着たエルワリの人形に向かって空手のポーズを取り、「アチョー」と声を出した。

　アリは、ブルースリーとエルワリと自分が一つになったと感じた。

　が、アリの夢を破るようで悪いけど、アリとエルワリは全然違う。アリは小粒だけど、エルワリは聳え立つ大長身だ。

　アリはモロッコ占領下にあるラユーンという町の病院で、1983年に生まれた。一方、エルワリはスペイン占領下にあった西サハラ砂漠の遊牧民のテントで、羊たちや幼い兄姉に見守られながら、1948年に生まれた。赤子の父はラクダに飯を食わせるため、砂嵐の中も厭わず、僅かな灌木の葉を求めて出かけていた。当時の西サハラ砂漠には〈砂の壁〉も地雷もなかったが、

過酷な砂漠は人を寄せつけず、植民地支配国のスペインも持て余していた。

　ヨーロッパ人はこの地域を「不帰順族の地」と呼び、〈星の王子さま〉の作者サンテグジュペリが〈人間の土地—第6章砂漠で〉で描いたように、〈未開の秘境〉だった。第二次大戦前、秘境のジュビ岬先端にあるタルファヤは、航空郵便機の中継地だった。郵便飛行士のサンテクジュペリは、パリからの飛行で疲れた翼を、このタルファヤで休めていた。当時のヨーロッパは、西サハラ砂漠の下に石油や天然ガスやウラニウムが眠っているとは、お伽噺の中ですら想像できなかったようだ。

ポリサリオ戦線初代書記長エルワリ

西サハラ独立運動創始者エルワリ
（1948〜1976）（提供 SPS）

　羊飼いのエルワリ少年は、毎日羊の世話に追われていたから、小学校に行こうなんて思ってもいなかった。その後、父が出奔し反スペイン・ゲリラに参加したのをきっかけに、一家は遊牧民のテントを畳み、子供達は食い扶持を求めてバラバラに散っていった。エルワリは雇われ羊飼いをやりながら、14才になってやっとモロッコ南部にあるタンタン小学校に入る。モロッコがスペインから獲得した直後のタンタンには、多数の西サハラ人が住んでいた。タンタンはサハラ砂漠にあり、西サハラとの国境まで100キロメートルも離れていない。既に170センチを超す長身で薄ら髭を生やしたエルワリに、先生も同級生も近づいてこなかった。

　エルワリは砂漠の砂が水を吸うように、アッというまに知識を吸収し、飛び級で大学入学資格試験バカロレアにパスし、モロッコ首都ラバトにあるモハンマド五世大学法学部に入学した。

　1970年に入ると、アフリカの大部分が独立を果たしていた。「なぜ、俺の西サハラだけがスペイン植民地のままなんだ？」と、エルワリの素朴な疑問は、日に日に膨れ上がっていった。

　夏休みに帰ったタンタンで、脳溢血で寝たきりの父や兄弟たちの顔を見た後、エルワリは北にあるラバトに向かわず、西サハラの学生仲間4人を誘っ

て南にあるスペイン植民地・西サハラとの国境の町タルファヤを目指した。
だが、タンタンから150キロメートルほど走行した所で、雇ったプジョー・
タクシーは暑さでエンストを起こしてしまった。目的地のモロッコ側タル
ファヤまで100キロメートルはある。「歩くぞ！　俺たちはベドウィン・砂
漠の民だ。ついてこれない奴はくるな」と、エルワリは被り物・シャーシュ
を頭に巻き付け足早に歩き出した。5人の学生がモロッコ側国境検問所に着
いたのは、真夜中の3時だった。その時、エルワリは白みかけた東の地平線
に黒点を見つけた。黒点は無数に増え、エルワリたちに迫ってくる。スペイ
ン占領地を脱出してきた人々の影だった。スペイン軍の砲火に追われた、祖
国西サハラの同胞たちだった。

　それ以後、5人の学生は姿を隠した。

　エルワリが25才、1973年初春のことだった。

　1973年5月10日の真夜中、砂漠の真ん中に数台のランドクルーザーが集
まり、民族衣装をまとったひときわ背の高い男をヘッドライトが浮かび上が
らせた。ポリサリオ戦線創設者25才のエルワリだった。

　1973年5月20日、ポリサリオ戦線が初めて武装蜂起をした。エルワリ以
下7人の砂漠ゲリラは遊牧民の戦闘服に身を包み、ラクダ1頭に自動小銃1
丁、旧式猟銃3丁、手りゅう弾1個、食糧と水を積んで、スペイン駐屯所を
襲撃した。

　エルワリと助手の先発隊は捕まったが、後発の5人が駐屯所侵入に成功し
17人のスペイン兵を駐屯所に閉じ込め、奪った武器をラクダに積んでポリ
サリオ戦線キャンプに凱旋した。当時、西サハラはスペインの植民地で、エ
ルワリたちのポリサリオ戦線の敵は、スペイン植民地軍だった。

　西サハラ住民たちが反スペイン植民地闘争を蜂起して3年にも満たない
1975年12月にスペインは、西サハラ住民には何の断りもなしに、西サハラ
をモーリタニアとモロッコに分議した。そして1976年2月26日、スペイン
軍は突然、西サハラから完全撤退した。エルワリは慌てた。翌日の2月27日に、
エルワリはSADRサハラ・アラブ民主共和国を創設した。しかし、建国式
典に、建国創設者のエルワリの姿はなかった。エルワリには、祭りごとに構っ
ている余裕などなかったのだ。

エルワリは何よりも先ず、戦争を回避したかった。当時のモロッコ王国軍は年間軍事費約2,300億円で、約8万人の兵力と欧米製近代装備を整えていた。貧しいモーリタニア軍ですら、常備兵と予備兵を合わせて5,000人以上の兵力を擁し、軍用機も持っている。対するポリサリオ・ゲリラといえば、砂漠の民・ベドウィンから譲り受けた旧式のライフル銃が100丁にも満たないという有様だった。

　1976年2月27日、エルワリはモーリタニア大統領ダッダに嘆願書を送った。

　「モロッコが西サハラを略奪したら、モーリタニアに食指を伸ばしてくる。かって貴殿が承諾したモーリタニア・西サハラ連邦構想を思い出して欲しい」

　1976年3月6日にはモロッコ王ハッサン二世にも訴えた。

　「どうか西サハラの独立をお認めください。リン鉱石資源に関して、我々は貴国と共同開発していきます。我々よりも貴国の取り分を多くしてもいいですよ」

　しかし、涙ぐましい懇願も両首脳の領土欲と戦意を翻すことはできなかった。両国軍の侵攻に油を注いだだけだった。

西サハラ身分証明書第一号にして殉教者第一号

　戦争回避が不可能と悟ったエルワリは、広大な砂漠に立ち往生している西サハラ難民の救出に向かった。難民避難所はモロッコ空軍ジェット戦闘機の空爆で壊滅し、陸路はモロッコとモーリタニア両軍によって封鎖されていた。エルワリ率いるポリサリオ難民救出部隊は、アルジェリア難民キャンプまで約1,100キロメートルの砂漠を徒歩で誘導するしかなかった。最後の難民がキャンプに着いたのは、1976年4月末だったという。

　さらにエルワリには、当時5万人以上に膨れ上がっていた西サハラ難民を食わせていくという大仕事が控えていた。国際赤十字が1975年12月に、約9億1,000万円の西サハラ難民緊急アピールをした。でもこれは短期援助に過ぎない。エルワリはアルジェリア政府に助けてもらって、長期難民援助の認可を国連難民高等弁務官から勝ち取った。

　1976年の春が終わる頃には、10カ国が西サハラを正式に国家と認め、援助物資も僅かながら入ってくるようになった。西サハラ難民政府は難民身分

西サハラ難民軍ポリサリオ戦線初期の兵士たちの行進

アリと脱出第一号のエルワリ

証明書を発行した。その第一号は勿論、エルワリだ。

　とりあえず西サハラ難民の安全と食料を確保したエルワリは、いよいよモロッコとモーリタニアの両正規軍との武装闘争に突入していく。

　1976年6月2日、エルワリはポリサリオ執行委員会を難民キャンプで召集した。

　「弱いモーリタニア軍がまず西サハラから出て行くことになる。真の敵はモロッコだ」と、モーリタニア先制攻撃を宣言した。

　「我が軍は貧しい難民ゲリラだ。敵の武器を一丁でも多く奪え。ポリサリオ戦線は砂漠の井戸だ。闘争と我慢の精神は汲んでも汲んでも汲みつくせない！」と、エルワリは檄を飛ばして、運転手のハマデイーにランドローバーのエンジンをかけさせた。

　「僕もいく」と情報担当係のマフーブが、エルワリに先駆けてランドローバーに飛び乗った。「馬鹿か！　死にたいのか！」と、エルワリは一蹴して車からマフーブを引きずり下ろした。そして見送りの難民たちに、「アチョー」と空手の構えをしてみせた。

攻撃目標はアルジェリアの難民キャンプから約 2,000 キロメートル砂漠を南下した、モーリタニアの首都ヌアクショットだ。カラシニコフ AK47 突撃銃を携帯した 160 人のポリサリオ戦線ゲリラはドゥシュウカ 46 重機関銃 1 丁、B10 無反動砲 4 門、フランス製軽機関銃や半自動小銃を数丁で装備し、24 台のランドローバーと数台の軍用トラックに分乗して、砂漠に挑んで行った。初めて重装備の大軍を従えたエルワリは、注意深く迅速に砂漠を越え、ヌアクショットまで 80 キロメートルに迫った灌木の中で、夜襲のチャンスを待っていた。ところが、出陣前の甘茶を立てようとした新米ゲリラが、枯れ木にガソリンをまいて火をつけたため炎が空高く舞い上がり、モーリタニア空軍機に見つかってしまう。

　敵のジープ数台が突進してきた。エルワリは全軍をヌアクショット襲撃隊と攪乱隊に分け、自らはハンドルを握り攪乱隊を率いて敵のジープを引き付けた。そして、ヌアクショットから北部方面におとり退却をした。エルワリの命を受けた運転手ハマデイー率いる襲撃隊は、6 月 8 日午前 9 時、首都ヌアクショット北部を燃やし、夜 10 時には大統領官邸周辺に砲弾を浴びせ、北に退却を始めた。エルワリ攪乱隊も戻ってきて、翌 6 月 9 日午前 11 時、モーリタニア大統領官邸に数十発の砲弾をぶち込んで、襲撃隊の後を追い、北に逃げた。

　ヌアクショット急襲成功で気を良くしたエルワリは、凱旋の仕上げとばかり、3 台のランドローバーに 9 人のゲリラと TNT 火薬を積んで、ベニシャブ水タンクの襲撃に向かった。だが、モーリタニア軍の大隊が三方から迫ってきているのに気付かなかった。6 月 9 日、赤く沈む夕陽を大きな爆発音と炎が包んだ。その中からランドローバーが一台飛び出してきて、北に逃げるポリサリオ襲撃隊に追いついた。「逃げろ！　エルワリの命令だ！　モーリタニア大軍が…」と、ランドローバーの運転手が言い終えないうちに、1 機のモーリタニア爆撃機がエルワリたちを空爆した。モーリタニア軍の大型軍用車が 1 台と戦車が 3 台、炎に向かって突進して行った。エルワリたちが炎の中でなぶり殺しにされているのは、疑いようのないことだった。ポリサリオ戦線の創設以来エルワリと行動を共にし、ヌアクショット襲撃隊を率いてきた運転手のハマデイーは、仲間に急かされエンジンをかけた。北に向かって撤退する傷心のポリサリオ戦線に、モーリタニアの大軍は追い打ちをかけてきた。ハマデイーの左の脇腹を流れ弾がかすめた。吹き出す血を押さえなが

ら運転を続ける。心配そうに覗き込む若いゲリラにハマデイーは、「冷えてきたな、お前のコートを貸してくれないか。俺のものは何もかもエルワリの車に置いてきてしまった」と、笑いかけた。ハマデイーは、アルジェリアにあるテインドゥフ難民キャンプに着くまで、エルワリのことは忘れようと決心する。

　モーリタニア軍の爆撃をかわした21台のランドローバーと軍用車は、難民キャンプでの再会を約束して砂漠に散った。

　執拗に追撃していたモーリタニアの3大隊も、岩の多い礫砂漠に逃げ込んだゲリラの深追いを止めて、撤退して行った。

　6月11日付けのモーリタニア日刊紙〈シャアブ〉は、頭を弾でぶち抜かれ焼けただれたエルワリの死体写真を載せた。そして、「ポリサリオ戦線の死者と捕虜は合わせて150人（？）、我がモーリタニア軍の死者は僅かに2人」と伝えた。モーリタニアもモロッコも、「これで西サハラ人の独立運動は消滅し、西サハラ領土は自分たちのものになる」と、肩をなでおろした。

　エルワリの享年28歳、SADRサハラ・アラブ民主共和国を建国して僅か100日後のことだ。

1975年、初めてアルジェリアでテントを張った西サハラ難民（提供SPS）

エルワリを継ぐ兄弟たち

エルワリの檄は今も、アルジェリアの西サハラ難民とモロッコ占領地の西サハラ住民に受け継がれている。

エルワリには四人の兄弟と一人の姉がいる。長兄ラバト（78才）、次兄イブラヒム（76才）、姉ミリアム（74才）、弟バシール（70才）、みんな難民キャンプでそれぞれの独立闘争を戦っていた。下の弟ババ・サイードは2017年に癌で逝去した。

エルワリの弟バシールが次のようなメッセージを筆者に送ってきた。

「1976年2月27日、ポリサリオは近代的な難民亡命政府を立ち上げました。

それから40年以上、西サハラの家族は西サハラ難民キャンプと西サハラ占領地に分断されたまま生きてきました。そして、1991年以来、国連決議に基づくレファレンダム（国連西サハラ人民投票）を待ち続けています。

我々は日本のみなさんにエルワリを含む殉教者たちの御霊をお届けしたいと思います。エルワリはポリサリオを創設した歴史的先駆者で、今も西サハラ人民のカリスマ的指導者です。私は、日本のみなさん全てと日本政府が、自由と独立を目指し闘っている我々に味方してくださると、信じてやみません。

我らの地球に平和と正義を確立していこうではありませんか！

みなさんの幸運を祈ります。

バシール・ムスタファ・サイード：　ポリサリオ政治局書記長」

1979年8月5日、バシールは兄エルワリの遺言どおり、祖国西サハラからモーリタニアを追い出した。バシールはモロッコも追い出して、祖国西サハラの大地を奪還することを目指している。

全寮制難民中等高等学校

5人は2008年の3月から5月までの3カ月間、〈10月12日〉という名の全寮制難民中等高等学校に入れられた。「西サハラ難民は祖国を取り戻し、独立国家の建設を目指している。そのためには優秀な人材が必要だ。貧しい難民でも教育を欠かせるな、我々の宝は西サハラ難民なんだから」と、西サハラ難民キャンプの創設者エルワリは難民の教育を最優先させた。エルワリ

の言葉を受け継いで、西サハラ難民政府は教育制度をまず確立させた。現在の初等中等就学率は 100％で、識字率は 90％だと、西サハラ難民教育省は自慢している。

5つある難民キャンプには5校から6校の初等教育機関がある。

中等高等教育機関には〈6月9日〉と〈10月12日〉という名の、2つの全寮制難民学校がある。〈6月9日〉の建物が崩壊して、5人が就学した頃は〈10月12日〉学校に 3,000 人近い生徒がひしめいていた。教室が足りないので、8時から 12 時半と3時から7時半の、二部制になっていた。

1977 年開校以来、アラブとしては革命的な男女共学制で年令制限もなく、入学希望者は自分が住むキャンプの教育委員会に申請するだけでいい。勿論、無料だ。

数学、物理、化学、歴史、アラビア語、イスラム教。外国語はスペイン語、フランス語、最近は英語も勉強する。一般科目の他に、職業訓練所もある。木工、製靴、裁縫などを学びながら家具、木製品、既製服、靴などを作って教育資金を稼いでいる。でも電力不足で機械をなかなか作動できない。教科書はない。教材はない。資料はない。紙も鉛筆もたりない。小型の自家発電

アルジェリア・ティンドゥフ、45 年の西サハラ難民キャンプ

アリと脱出第一号のエルワリ

機では、教室や寮の明かりなども点けてもらえない。

　アリと4人の仲間は先輩脱出者と同様に、その貧しさと物のなさに驚いた。モロッコ占領地・西サハラでは電気も水道もテレビも冷蔵庫も便所もシャワーもあるのに。学校の塀の外で野糞をしている生徒たちを見て、5人は顔を見合わせた。だが結局、砂丘を越えて5人専用の野糞場を作るしかなった。

　午後1時、サイレンを合図に3,000人近くの生徒と約80人の先生が大食堂に集まってくる。6班に分かれて1班ずつ食堂に入る。残りは食堂前の広場に座り込んで順番を待つ。

　電灯のない中で金物食器の音だけが賑やかだ。豆のスープ、砂混じりのパン、水、これだけ。「こんな固いパン、食えると思うか！」と、突然、男子生徒の一人が5人に向けてパンを投げつけた。パン職人の息子、バシルは「もったいないことすんな！」とそのパンを投げ返した。先生が飛んできて、「パンはサッカーボールじゃないぞ！」。パン投げをした二人は、2日間の断食罰を食らった。

　西サハラ難民キャンプの学年度は9月から6月になっている。

　5人はモロッコ占領地・西サハラで中断していた高校教育をアルジェリアの西サハラ難民キャンプで終了した。

　卒業後、5人は難なく難民政府のバカロレア・大学入学資格試験にパスした。バカロレアにパスした西サハラ難民の子弟は外国に留学できる。と言っても、難民の子弟を無償で受け入れてくれる国は限られていて、キューバ、アルジェリア、リビア（昔の）などの西サハラ支援国だけだが…。

みんな占領地からの脱出者

　2008 年 7 月、サハラ砂漠は盛夏だ。とんでもなく熱い！　50 度を超える日が続く。

モロッコ占領地・西サハラを脱出した 5 人は、ブジュドゥール難民キャンプに住む五つの家庭に、別々に預けられる。このブジュドゥール難民キャンプはかって〈2 月 27 日学校キャンプ〉と呼ばれていた。難民キャンプの創設者エルワリは、女性が難民キャンプを仕切らなければならないと考え、女性のための教育と職業訓練のために〈2 月 27 日学校〉設立を提唱した。当時、男性は戦場に狩り出されていて、銃後の守りは女性が担わなければならなかったからだ。もっとも、常に外敵と戦ってきた砂漠の民・ベドウィンにとって、女性がテント生活を牛耳るのは、伝統的な風習でもあった。

　〈2 月 27 日学校〉は、年令制限もないし子ずれでも OK だ。次第に、託児所や小学校や診療所もできていって、学校の周りに難民の人々が住みつくようになった。4, 5 年前ごろから、西サハラの港町ブジュドゥールの名前で呼ばれている。学校は教育科、保育科、看護科、事務科、クラフト科とあるが、だぶって席を置いてもいい。最近は車の運転やコンピューターも教えている。ここで作られる絨毯や染物や手工芸品は、西サハラ難民政府の資金源にもなっている。キャンプの長バブラ・ブン・ベイバは、ふくよかで逞しい美人である。

シディアたちの大脱出

　難民のどの家族にも、祖国西サハラからの辛い脱出経験がある。アリを預かった日の夜、テントの主シディアは早速、自身の脱出体験談を語って聞かせた。体験者が非体験者に語り継ぐ受難記は、難民教育の優先課題になっている。

　アリのお目付け役シディアは、姉と二人で故郷西サハラを脱出した。半年遅れで、シディアの両親もアルジェリア・ティンドゥフの難民キャンプを目指して脱出したが、1976 年 4 月 14 日、西サハラはモーリタニアとモロッコ

に分割された。アルジェリアへの道が閉ざされた両親は、モーリタニアに逃げ込んだ。2003年になるまで両親の消息は不明だった。

シディアは1962年に西サハラの大西洋岸にある漁港、ダハラで生まれた。母テスレムは24才、父アブドッラーは27才だった。父は担ぎ屋で、モーリタニアのヌアディブから茶碗や衣類を、カナリヤ諸島からは装飾品や缶詰などを仕入れ、漁港ダハラの雑貨屋に卸していた。西サハラの海岸線は魚の宝庫。200種に上る魚介類が乱獲の憂き目にあうこともなく、のびのびと泳ぎまわっていた。シディア坊やは7才年上の兄貴にくっついて、魚釣りに明け暮れていた。筋骨たくましい兄とは違って、シディアはおとなしく華奢だった。

シディアが10才になった1973年、エルワリが西サハラ独立闘争組織ポリサリオ戦線を立ち上げる。5才年上の姉シーダは、ポリサリオ戦線に従軍した恋人を追って、西サハラ南西のオアシス、アウセルドへ脱出した。1974年、小学校を終えたシディアはそんな姉を慕って、故郷ダハラを脱出する。

当時の西サハラはスペインの植民地だった。首都ラユーンに24,010人、スマラに7,280人、ダハラに5,370人。全部あわせても、西サハラ人は10万にも満たなかった。西サハラ住民は、ポリサリオ戦線の指揮下でスペイン軍

を追い出せば、西サハラを独立させることができると、単純に考えていた。ところが1975年11月14日、西サハラ住民を全く無視して、スペイン植民地支配者はモロッコとモーリタニアとで、西サハラの分譲とスペイン植民地軍の撤退を決めてしまったのだ。スペインがあっさり西サハラ植民地を手放したのは、ポリサリオ戦線ゲリラに手を焼いていたのに加え、独裁者フランコの死で国内が混乱していたからだ。それに、当時の西サハラ資源といえばリン鉱石と魚ぐらいで、植民地としてうまみがないと値踏みした。しかし、秘密協定の1カ月前に国際司法裁判所はモロッコとモーリタニアの西サハラ領有権を否定する判決を下している。勿論、国連は植民地宗主国スペインの領有権も認めていない。国連は西サハラを、〈未確定地域〉と指定しているから、領有権のない3国間の西サハラ分譲は、国際法上まぎれもない犯罪行為なのだ。

　スペイン植民地軍が撤退した途端、モロッコ正規軍が北から、モーリタニア正規軍が南から、陣地取りの浅ましさで西サハラに侵略してきた。両国正規軍の挟み撃ちにあった西サハラ住民は3番目の隣接国アルジェリアに雪崩れ込んで行った。こうして西サハラ難民が発生した。

　シディアのいたアウセルドには、モーリタニア軍が侵攻してきた。寄宿していた中学校の調理室に爆弾が命中し、中学校は閉鎖された。

　13才のシディアと18才の姉は、近所の住民350人の中に混じってアウセルドを脱出し、約300キロ北にあるウム・ドレイガのポリサリオ戦線が仮設した難民キャンプを目指して歩いた。冬の砂漠は零度を切り、砂嵐が容赦なく幼児や老人を倒していく。2～3日に一度ぐらい遭遇する砂漠の民・ベドウィンのラクダのミルクで命をつなぎながら、ボロボロの集団は15日間、歩き続けた。ウム・ドレイガ難民キャンプに辿り着けたのは200人足らずだった。しかも着いた3日後に、モロッコ軍はこの難民キャンプを爆撃機3機で襲い、ナパーム爆弾やクラスター爆弾を豪雨のように降らせた。キャンプは血の地獄と化す。ゾンビとなった約2万人の西サハラ難民は、ウム・ドレイガから700キロ以上離れたアルジェリア国境に向かって歩き出した。

　モロッコ軍がナパーム弾を難民キャンプに降らせたのは、ウム・ドレイガだけではない。

　ティファリティ、マフベス、スマラと、モロッコが占領を宣言した西サハ

ラ北部の難民キャンプを絨毯爆撃していった。アルジェリアから300キロメートル離れたアムガラ難民キャンプでは、約100人のアルジェリア兵が食料援助や医療援助をしていたが、1月29日、モロッコはこの難民キャンプも空爆した。アルジェリア兵12人が死亡し、89人が捕虜になった。1万人を超える難民はアムガラ難民キャンプを脱出した。

　同じようにモロッコ軍のナパーム弾洗礼を受けたゲルタ・ゼムールの難民も、アルジェリアのティンドゥフに向けて脱出した。首都ラユーンからも、3万人の住民のうち2万人が脱出した。こうして、1976年の初頭だけでも、約5万人の西サハラ住民が難民となって、故郷からアルジェリアのティンドゥフに向け脱出した。

　1976年2月、シディアと姉がアルジェリアに辿り着いた時、ポリサリオ戦線の指導者エルワリはアルジェリア政府から、ティンドゥフ砂漠に難民キャンプ設立の許可を取り付けていた。国連難民高等弁務官から難民認可を獲得したのも、エルワリだった。

「約5万の難民が西サハラから逃れアルジェリア砂漠でキャンプ生活を始めた。過酷な砂漠気候で4分の1の幼児がこの3カ月で死亡。1976年の春にはサナダ虫が蔓延し、千人以上の子供が死亡。アルジェリアの救援隊はコレラのワクチンを打ち、特に子供達にはジフテリア、破傷風、小児麻痺などの予防接種を行った」と、国連難民高等弁務官は1976年10月に報告している。

　赤子や老人を連れて、戦火に追われる脱出は想像を絶する。アリは、自分たち5人の大脱出を会う人ごとに自慢してきたのが恥ずかしくなった。

1975年の大脱出に始まる難民生活

　アリの面倒を見るシディア・アハマドは2008年当時、46才になっていた。1976年、11才の時に難民キャンプへ逃げ込み、1985年にアルジェリア大学数学科を卒業し、それからエルワリ軍事訓練学校に入学した。9カ月の軍事訓練を終了すると大部分の同窓生は軍隊に入ったが、病弱なシディアは数学の教師になった。1986年末、近所に住んでいたムニーナと結婚する。結婚式に使う茶器，香水、花嫁衣裳、ご馳走など、全てキャンプの委員会が調達してくれた。翌年に長男ハッサーナが、2年後に次男エルバンが、続いて長女ハディジャそして次女レイラが生まれる。シディアのテントには、妻の姉

難民の子供たちが好きなスポーツは？　サッカー

みんな占領地からの脱出者

　スウェダや妹のナーナとスヒーナも同居していた。女性軍用に、シディアは自力で日干し煉瓦作りの泥小屋を２棟作る。穏やかで優しいシディアは、学生活動家のアリを指導するお目付け役として最適だった。

　今、シディアは西サハラ難民政府の国際協力省で働いている。外国の支援団体と折衝する重要な部署だ。

　ガスも水道も電話線もないし、数学教師であれ政府役人であれ、他の難民政府職員と同様に、シディアにはタバコ銭程度の僅かな金しか入ってこない。

　生きていくのに最低限の食料と日用品と燃料などは、全難民平等に配給される。シディア一家のメニューは、朝は甘茶に硬いパン、昼と夜は豆スープに硬いパン。援助物資の特配があれば、スパゲッティとか米とか魚の缶詰などが出てくる。

　中央病院や各難民キャンプにある診療所の治療費は無料だし、薬も無料だ。ただし、医薬品は圧倒的に不足している。

　シディアの長男と長女は全寮制難民中等高等学校に入っている。次男はキャンプにある小学校に通う。小学校は難民キャンプ全部合わせて、約25校ある。教育費も無料だ。支給される学用品も無料だが、教材も文房具もないに等しい。ゲームセンター等もないから勉強あるのみ。問題は硬いパンと豆スープだけの難民食、生徒達の歯はぼろぼろだ。

住環境も悲惨だ。国連が支給するテントは5年でぼろぼろになるし、新品はなかなか届かないし、自家製の日干しレンガ小屋は大雨になれば溶けるので住対策が急がれる。

　国連難民高等弁務官や世界食料計画などの国際援助団体による支援物資は、難民が辛うじて命をつなげれる程度のもので、特に医薬品倉庫はいつもがらんどうだ。

　それでも西サハラ難民は難民キャンプを大脱出して、祖国西サハラで〈国連西サハラ人民投票〉をすることを夢見つつ、親も子も孫も、45年以上に及ぶ辛い難民生活に耐えている。

2008年9月、断食月のアリ難民

　断食月は1年に1回巡ってくる。但し、イスラム暦は月の満ち欠けで決まる太陰暦で、1年は354日。我々が使う西暦とは11日前後のずれがある。

　アリが難民キャンプに合流して初めての断食は、2008年9月1日から9月29日までだった。西サハラ人もイスラム教徒だから、アルジェリアの難民キャンプでもモロッコ占領地・西サハラでも、同じように1カ月の断食を

難民キャンプの女性職業訓練学校で道路標識を学ぶ難民の女性達

やる。砂漠の９月はまだまだ盛夏で、50度を越す毎日が続く。イスラム教の断食は日の出から日の入りまで、飲食を絶ちタバコを断ちセックスを絶つことを命じる。食えない人たちのひもじさを追体験し、世界のイスラム教徒と連帯し、平和に思いを馳せるという大義がある。とは言っても、昼ごろになると唾は出ない、舌は上顎にくっつくはで、喋るのも億劫（おっくう）になってくる。特別に用のない難民はボロテントの風通しをよくして昼寝と決めこむ。そして、日暮れの祈りを告げるアザーンに起こされて、涼しい夕風の中で、まずは軽くミルクを飲みナツメグを食べる。暫くしたら、羊の肉とジャガイモや玉ねぎやナスがたっぷり入った炊き込みご飯を手掴みで食べる。バナナやリンゴやオレンジのデザートもついてくる。普段の難民生活にない豪華な夜の食事が断食月には待っているのだ。

　豪勢な食事を難民が楽しめるのは、サウジアラビアを始め金持ちのイスラム諸国が、断食月の慈善活動として、食糧の差し入れをしてくれるからだ。子供たちにとって、断食月は楽しい御祭月になる。

　果報は昼寝して待つ。それが、辛い断食月の難民的過ごし方だ。

　一方、断食免責事項も設けられている。幼児、病人、妊婦、旅行者、外国人は断食をしなくても良い。金持ちのイスラム教徒は〈旅行者免責〉を免罪符にして、外国に出かけたりする。

断食月でもハンガーストライキ

　モロッコ占領地・西サハラに接するモロッコ南部には、昔から多数の西サハラ人が住んでいる。この地域の西サハラ住民もモロッコ占領地・西サハラと同様に、モロッコ当局からの差別と迫害に苦しんでいる。にもかかわらず、アリ達と同様の学生地下組織や、それを指導する人権擁護運動が秘密裡に活動を続けている。

　ムスタファ・アブ・ダイエムは南モロッコのアッサにある中学校で勤務するかたわら、西サハラ住民の人権擁護運動を指導してきた西サハラ人だ。王様の悪口を言えば獄に繋がれるモロッコでは、ムスタファの人権擁護運動は王様に反逆する不敬罪になる。ムスタファは不敬罪で逮捕され、モロッコ・チズニ刑務所に繋がれていた。

　ムスタファが西サハラ報道組合の組合員であることを嗅ぎ付けたモロッコ

当局は、断食月9月の半ば、モロッコ教育省の高官アイダ・ブゲインをムスタファ政治囚のもとに派遣した。囚人番号7321のムスタファ・アブ・ダイエムはハンガーストライキの常習犯だった。だがモロッコ当局は、まさか断食月に断食をしないだろうと踏んだ。そして、アイダ高官は「断食月の恩赦にきた。ポリサリオ独立運動を止めたら即時釈放し復職させる。厭ならお前も家族も追放処分だ」と、ムスタファに転向を迫った。しかし囚人番号7321のムスタファは、その返答として獄中の断食ハンガーストライキ続行と黙秘で抵抗した。

　断食が明けた2008年10月、即決裁判で、囚人番号7321のムスタファは3年の禁固刑と約50万円の罰金と解雇を言い渡された。

ポリサリオ戦線軍事学校

　1カ月のラマダンが終わり10月に入ると、難民キャンプでも新学年が始まった。新学期は9月から始まることになっているのだが、みんな出てこない。この年の9月はラマダン断食月だったからだ。砂漠の民は時間より自然を、定規より目安を大事にし、砂漠流な生き方をする。

　アリたち5人はエリワリ軍事訓練学校に入れられた。

　西サハラ難民軍ポリサリオ戦線の創設者エルワリの名前を冠した軍事学校は、1981年に2校作られた。5人は、ラボニ・センターから南へ70キロ下がった岩山の陰にある第一訓練学校に運ばれた。生徒数が約150人、先生が5人、ここの校舎も難民手作りの日干し煉瓦小屋だ。

西サハラ砂漠解放区を守る西サハラ難民兵士

午前は8時30分から12時30分まで、午後は3時30分から6時30分まで、軍事訓練を中心にした〈ゲリラ戦法〉を学ぶ。全寮制で、年令は18からで上限なし。ポリサリオ兵志願の男子は誰でも入学できる。1991年の停戦以来、モロッコ軍との軍事衝突はないか

ら、いまいちカラシニコフ機関銃を握っても緊張感に欠ける。それでも5人は戦争ごっこよろしく訓練を楽しんだ。訓練生たちにとって最大の楽しみは食事だ。朝食は砂混じりのパンとチーズとナツメッグ、昼食はパンと豆スープ、夕食はパンと卵と少量の人参。支援物資状況によって、缶詰のいわしやマカロニや米がでてくることもある。一般難民食に較べると、量も質も格段のサービスだ。

　ただし、電気は自家発電だから電灯は朝は7時30分から8時30分まで、夜は7時から11時までと制限されている。

　最初の3カ月は基礎訓練、次の3カ月は実技、残り3カ月で仕上げ、休暇も入れて1年のコースになっている。

　「イチ、ニイ、サン」。追い突き、逆突き、外受け、内受け、上げ受け、手刀受け、前蹴り、回し蹴り、横蹴り…、上段、中段、下段…、西サハラ難民軍ポリサリオ戦線軍事学校に日本語が飛び交っている。空手の掛け声だ。空手は勿論、正規の訓練科目だ。アリは大得意で幼年兵、古参兵、教官までも弟子にしていった。

　かくして1年後の2010年6月、アリ師範と4人の仲間は惜しまれながら、エルワリ軍事訓練学校を後にした。

西サハラ難民国防大臣の卒業訓示

　2009年6月20日世界難民の日に、エルワリ軍事訓練学校の卒業式がスマラ難民キャンプで行われた。

　モハメド・ラミン・エルブハリ西サハラ難民政府防衛大臣（当時）は訓練生たちの卒業を祝福した後、「西サハラ難民軍ポリサリオ戦線は西サハラ祖国の自由と独立を回復するために、合法的に認められている民族自決権闘争を続けていく。西サハラ軍の名において、西サハラ政治囚人と連帯して闘っていく」と宣言した。そして防衛大臣は「占領地における西サハラ住民の平和闘争を称賛し、モロッコ占領当局による西サハラ住民に向けられた重大な人権侵害と暴力を強く告発する」と、卒業式の挨拶を締めくくった。

　5人は、モロッコ占領地・西サハラに残って闘っているアミナトやサッバールたちなど、同志のことを思った。そして父や母や兄弟たちには、アッラーの神に託して卒業を報告した。

西サハラ・アリたちの戦い

　2009年の断食月は8月22日から9月19日までだった。イスラム教徒の西サハラ難民はこの辛いイスラム行を、60度に達する酷暑の砂漠でやった。アリはお目付け役シディアのテントに里帰りして、一カ月のラマダン断食を楽しく過ごした。

　一方、モロッコの監獄の中では西サハラ政治囚が、楽しくない断食月のハンガーストライキを続けていた。モロッコ占領地・西サハラでは、西サハラ被占領民に言論集会の自由など許されていない。　「クソ！　ガンジーしかないのか」と、アリはワンパターンの断食闘争に苛ついた。ガンジーとはインドの非暴力運動家ガンジーを指す。

西サハラの女ガンジー
アミナト・ハイダル（提供 SPS）

サハラ・女ガンジーの戦い

　2009年10月、アミナト・ハイダル、通称サハラの女ガンジーは、ニューヨークでトレイン財団の「勇気あるハンガーストライキ市民賞」と5万＄（約500万円）を手に入れた。

　彼女は2008年11月14日にも、故ケネディ米上院議員からロバート・ケネディ人権賞を贈られている。〈サハラの女ガンジー〉はトレイン財団の授賞式があったニューヨークを発ち、スペイン領カナリア諸島のランザローテ空港で飛行機を乗り継ぎ、モロッコ植民地・西サハラのラユーン空港に意気揚々と降りたった。

　事件はラユーン空港のパスポートコントロールで起きた。モロッコ空港警察がアミナトのモロッコ占領地・西サハラ帰郷を拒否したのだ。彼女のモロッコパスポートは没収され、飛行機出発地点のランザローテ空港に強制送還さ

れた。

　アミナトは強制的に降ろされたランザローテ空港で、ラユーン空港行きの便に乗せろと、空港警察官に詰め寄った。ランザローテ空港警察は、「パスポートのない人間は飛行機に乗せるわけにいかない」とアミナトの搭乗を拒否。「書類なしで無料で飛行機に乗せろ」とアミナト。

　翌日の11月15日、サハラの女ガンジーは、故郷西サハラへの帰還要求が通らないなら餓死すると、空港ロビーで得意のハンガーストライキに入った。〈サハラの女ガンジー〉ハンストは、アメリカのクリントン国務長官（当時）まで動かし、BBC（イギリス）、アル・ジャジーラ（カタール）、DPA（ドイツ）、AFP（フランス）そしてスペインなどのメディアがモロッコ占領地・西サハラの人権問題を取り上げだした。

　〈サハラの女ガンジー〉は、32日間、ハンガーストライキを続けた。そして2009年12月28日、〈サハラの女ガンジー〉はモロッコを屈服させパスポートを奪還し、スペインのパスポートまでおまけにもらって、今度こそ意気揚々とラユーンの自宅に帰って行った。

　その後も〈サハラの女ガンジー〉は、親族の庇護の下で平和的人権擁護活動と西サハラ独立運動を続け、ハンガーストライキを武器にして闘っている。

　〈姉御〉と呼んでアミナトを慕っているアリは、「女ガンジー、ハンスト」の闘争ニュースを聞く度に、胃と腸が傷んだ。　ハンガーストライキは減量や趣味の断食ではない。長期のハンガーストライキは　胃腸を収縮し、内臓の壁と壁を粘着させ、身体機能が著しく低下する。ハンガーストライカーの身体機能障害だけが問題になるのではない。なんとかして食わせようとする占領当局のハンスト破りとの闘いも熾烈を極める。

　インターネットで、幽霊のようにやつれていくアミナト姉御を見ながら、「モロッコの占領に抗議するには、銃を取ってモロッコを追い出すしかない」と、アリは思ったのだった。

難しい！　モロッコ占領地・西サハラの出入国

　モロッコ占領地・西サハラへのアクセスは、外国人にとって非常に難しい。西サハラ住民の出入国は、さらに難しい。

　2010年の断食月は、8月11日から9月9日までだった。

2010年8月23日断食月の真っ只中、モロッコ占領地・西サハラの首都ラユーン空港。

　モロッコのカサブランカ発ロイヤル・エアー・モロッコ機からモロッコ人搭乗客に混じって、5人の西サハラ住民が降り立った。パスポートコントロールを通過し空港ビルを出た5人は安堵の息をついた。ここ数年来、「外地からモロッコ占領地・西サハラに帰ってきた西サハラ人が、警察に連行されそのまま監獄へ」という事件が、多発していたからだ。空港ビルを背に横断幕を前にした5人は、外国人の支援者や出迎えの西サハラ住民と共に、Vサインでカメラに収まった。〈アルジェリア・西サハラ・セミナー参加の人権活動家5氏の祝帰還〉と、横断幕には書かれてあった。

　一行は歓迎会が用意されていたハマド同志の家に着いた。その瞬間、路地に潜んでいた私服のモロッコ警官が棍棒で一行を襲ってきた。幸い重傷者も逮捕者も出なかった。モロッコ当局は断食のイライラ喧嘩にすぎないと、警察の関与を否定する。だが、明らかに占領地を出た西サハラ活動家に対する、モロッコ占領当局の見せしめだった。

　5人はアルジェリアで開かれた〈西サハラ難民政府の夏期大学〉に、モロッコ占領地・西サハラ住民として初めて招待されたのだった。2009年に始まったこの夏期大学は、西サハラの現状報告と独立運動の支援を求めて西サハラ難民政府が企画し、〈アルジェリアの西サハラ支援協会〉が運営している。占領地の活動家たちは、〈行きも帰りも怖い〉モロッコ占領当局検問所のことは百も承知で、モロッコ占領地・西サハラを脱出してきたのだった。そしてやっぱり、帰りは相当怖い思いをすることになってしまった。

　8月28日、モロッコ占領地．西サハラの首都ラユーンのスマラ通り。西サハラ住民と西サハラを支援する外国人約200人が、「西サハラ民族自決権と独立」をシュプレヒコールしながらデモ行進をしていた。突然、モロッコ国旗を振りかざした私服のモロッコ警官たちがデモ隊に襲いかかる。すかさずその私服暴漢の後方から武装した警官隊が出現し、外国人11人を逮捕していった。11人は翌日釈放されたが、これも西サハラを支援する外国人に対しての、モロッコ占領当局による見せしめだった。

　国連職員や国連事務総長個人特使クリストファー・ロスも、モロッコにとっては煩わしい外国人らしい。モロッコ占領地・西サハラでの西サハラ住民に

対する迫害を調査しようとする、国連人権団体の活動も妨害する。国連事務総長個人特使ロスの定例視察にも、あからさまに門戸を閉ざす。モロッコ占領当局は、占領地内で起こっていることを知られたくないのだ。

　モロッコ占領地・西サハラの西サハラ人居留区は、今時珍しい閉鎖された〈ゲットー〉だ。

モロッコ占領地・西サハラ2万人の〈蜂起キャンプ〉

　2010 年 10 月 10 日、モロッコ占領地・西サハラの首都ラユーン。

　早朝から、大きな籠を頭に載せた女や、折りたたんだ布を担いだ男たちが、西サハラ被占領民居留区から続々と脱出してきた。子供たちはピクニック気分で浮かれている。

　一行は、西サハラ人権運動組織 ASVDH などのニッサン・パトロールに先導されて、ラユーンから西へ 12 キロ砂漠に入ったグデイム・イジクに着いた。そして、テントを張り出した。瞬く間に約 2 万人の西サハラ被占領民による〈モロッコ占領に抗議するテント群 1,500 棟〉が立ち上がった。

　2010 年 10 月 25 日、西サハラ砂漠にデッカイ太陽が落ちようとしていた。日没の礼拝前に、〈蜂起キャンプ〉と仇名される西サハラ被占領民のキャン

西サハラ・アリたちの戦い

燃やされるグデイム・イジク西サハラ占領地住民の抗議テント（提供SPS）

プへ援助の水や食料や薬品などを届けようと、2台のニッサン．ピックアップが急いでいた。その時、追跡してきた2台のモロッコ軍用車が銃を乱射した。助手席の少年が血を吹いて倒れた。運転していた西サハラ人活動家は銃弾の中をUターンし、モロッコ軍検問所を突破して15キロ離れた病院に向かった。重傷を負った少年は間もなく死んだ。残りの7人はモロッコ占領当局に逮捕された。

11月2日、西サハラ外国人援助団体のダニエルが、携帯電話でBBC英国TVに悲痛な声を送ってきた。「10月半ばにラユーンの西サハラ人居留区から西サハラ被占領民の脱出が始まると、モロッコ軍が居留区に乱入し平和活動家を拘束し始めた。俺たち、外国人援助団体にも危険が迫ってきた。俺たちは居留区の屋根から屋根へ飛び移り居留区を脱出し、やっとこの〈蜂起キャンプ〉に辿り着いた」。

2010年11月8日朝、モロッコ軍はヘリコプターや放水車や重装備の軍用車を動員して、非武装の〈蜂起キャンプ〉に総攻撃をかけた。テントに立て籠もる西サハラ被占領民に向かって、催涙ガス入りの水を浴びせ、機関銃を乱射した。幼児や老人をとっ捕まえては砂漠に放り出し、少年や成人は男女を問わず連行する。最後にモロッコ軍は、テントに火を点け〈蜂起キャンプ〉を跡形なく焼き尽くした。

死者36人、負傷者723人、行方不明159人（西サハラ難民亡命政府発表）。
死者12人、負傷者4,500人、行方不明2,000人（AFP発表）。
死者12人、うち10人はモロッコ兵、2人は市民（モロッコ情報省発表）。
何故、こんなに死傷者の数が違うのか？　それはモロッコ軍が、事件の検証をしようとする諸外国の人権団体や外交官やプレスの現地入りを、シャットアウトしていたからだ。

西サハラ難民キャンプのネットカフェ

アリと4人の脱出仲間は、週に一回、ブジュドゥール難民キャンプに新しくできたネットカフェに集まった。ネットカフェで、アミナト・ハイダル〈サハラの女ガンジー〉のハンガーストライキ闘争や、2万人西サハラ住民の〈蜂起キャンプ〉闘争を見た。シディアの故郷ダハラにまで反モロッコデモが広がったのも、ネットカフェで知った。

「西サハラ人政治囚がモロッコの暗黒監獄でガンジー（ハンスト）やって

西サハラ・アリたちの戦い

西サハラ難民キャンプのネットカフェ

　るぞ！」と、いつものようにアリはモロッコ占領地・西サハラから送られて
くる情報をクリックして、驚嘆の声を上げた。モロッコ占領下の暗黒監獄で
ハンストをやるのは、不可能に近かったからだ。ダハラからの情報は、デモ
参加の漁民たちに課された3年以上の禁固刑に抗議する、政治囚のハンガー
ストライキを伝えていた。「国際赤十字が西サハラ政治囚の釈放に努力して
るそうだよ」とマライニン。「国際赤十字ね〜？　何年やってんだ？　釈放、
釈放って声ばっかり…」とガリ。

　「国連主導の人民投票で独立を勝ち取れたら、色んなことが解決すると期
待してんだけどなあ」とサデイク。

　「クソ！　何、夢見てんだ。国連が西サハラ人民投票を約束したのは1991
年なんだぞ！　こんなに長い年月が経ったのに国連は何もしない。国連に人
民投票をやる気など、あると思えないよ！　あいつら国連職員にとっては、
西サハラの独立なんて人ごとなんだ。てめえらの飯の種さ。だけど俺たち西
サハラ人にとって、俺たちの国を取り戻すことは、俺たちの…、何というか、
大変なことだ、命掛けだ！　アッラーの思し召しだ！　国連に人民投票をや
ら気がないんだったら、俺たちが自力で、独立戦争に突入するしかない。何
のために、軍事訓練学校で銃の撃ち方を習ったんだ」とアリ。

「そんなカッコイイこと言っちゃって〜〜。モロッコの軍事力は年々凄くなってきてるし、アメリカもフランスもモロッコに軍事援助してるし、太刀打ちできないよ」とガリ。

「モロッコ軍が欧米から、いくら凄い大量破壊兵器を買っても、多数の兵を抱えていても、いざ戦闘になった時、モロッコ占領軍には戦う大義がない。俺たちは占領地で、モロッコ兵の傍で、暮らしてきただろうが？　奴らはモロッコ王の〈おもちゃの兵隊〉だ。俺たち西サハラ人には信義という強い味方がついている。最終的には信義が勝つ。我々が必ず勝つんだ！」とアリ。

　「俺も武装闘争に賛成だ。国連が主導する国連平和交渉…、結構だ。しかし、国連の工作が当てにならないんなら、戦争という選択肢もありだ。俺たちは全ての可能性に挑戦する。俺たち若者は闘う覚悟でいるはずだ」とバシル。

　バシルとアリは西サハラ難民軍ポリサリオ戦線への入隊を希望した。だが、偏平足のバシルは断られた。結局、アリ、一人だけが兵士の道を選択し、仲間の４人はアルジェリアの大学で勉強することを選んだ。

西サハラ難民映画祭 2019 のポスターから
（提供 SPS）

不満若者のガス抜き

　ネットカフェーの若いオーナー・ムハンマドは、置時計の針を追いながら５人のやり取りを聞くともなく聞いていた。1時間 50 アルジェリア・デイナール（約 60 円）の料金は、占領地脱出の英雄でもおまけしないと決めていた。むしろ、〈正義〉だとか〈大義〉だとか青臭い言葉を吐く５人をウザったく思っていた。他の客たちもシュプレヒコールもどきの声高い討論に、眉をひそめた。今時、陸の孤島の砂漠でも、そんな時代遅れの革命論や理想論では若者の心をつかむことができなくなっている。

　大部分の難民テントには電気の配給はなく、粗末なソーラーパネルで辛うじて仄かな明かりを取ったりテレビを点けたりしている。だが、一家に一台パソコンというネット環境には程遠い。地上波のテレビは、西サハラ難民政府テレビ局が流す情報に限られている。従って、一つのキャンプ群に１軒か２軒あるネットカフェが、砂漠を越えて世界に繋がる情報交換所になっている。西サハラ難民政府は教育を最重要視していて、小学校から中学校まで無償の義務教育にしている。本人の希望と成績が折り合えば、さらに大学まで無償で留学ができる。しかし識字率が高くても、海外留学の箔をつけて帰ってきても、難民キャンプには職がない。西サハラ難民キャンプには産業がないから、働き口といっても難民政府機関の職員や教員や兵隊ぐらいしかない。女性は織物や手工芸品などを作る訓練所で働けるが、いずれの場合も僅かな小遣いしか貰えない。おもしろくな〜い！

　若者のガス抜き策の一環として、難民政府は小さな小さなマイクロビジネス制度をつくった。そんなに難しいものではない。その一例がインターネットカフェのオーナー・モハンマドだ。2007 年にリビアのファタハ大学経済学部を卒業したモハンマドは、難民政府から資金を借りてパソコンを１台買い、自分で日干し煉瓦の小屋を作り、インターネットカフェを開いた。６カ月毎に政府に収支報告をし、今ではパソコンも４台に増やし、少しずつ借金を政府に返せるようになってきた。

　インターネットカフェは儲かる商売ではない。西サハラ難民自身は殆ど金を持っていないからだ。アルジェリアを含む海外にいる家族から時たま送られてくる金は、定期収入には程遠い。難民政府のマイクロビジネス貸付を利用した小さな万屋が開店し、市場も開かれるようになった。だが、現金に乏しい難民たちはツケ買をする。店主のノートには単３電池１本にいたるまで、びっしり記録されている。

　それでも、インターネットはあっという間に西サハラ難民キャンプを凌駕した。難民たちは当初、難民キャンプと占領地とに分断されている家族間の交信に使っていた。だが、ネットが伝える今現在の世界情勢は、とりわけ若者を捉えた。西サハラ難民政府のバイヤスが入った遅れニュースより、現在進行形の紛争の方が面白いのは当たり前だ。

　2003 年から、モバイルも出回るようになった。だが、辛うじて回線があ

るのはラボニ難民政府センター周辺のみで、それも砂嵐などが襲ってくると全く通じなくなる。砂漠に点在する難民キャンプでは、現代の必需品モバイルも無用の長物と化してしまう。

　2011年には〈アラブの春〉などと煽てられたアラブの若者たちや欧米の傭兵たちが、支配政権を潰していった。アラブ人は大量虐殺され、アラブ社会は崩壊し、アラブの古代遺跡までぶっ壊されて、やっとアラブ人は〈アラブの春〉幻想から目が覚め始めた。アラブを操る欧米の人形使いがチラチラし始めた頃、〈アラブの春〉をありがたがる一般難民も少なくなってきたようだ。ネット環境が極端に貧しく情報に乏しい不幸が幸いして、西サハラ難民キャンプの若者たちには〈自分で考える時間〉というものがあった。親や指導者から「正義」と植え付けられた時代錯誤な独立運動の闘争形態に、疑問を持つ若者も出てきた。西サハラ難民政府は、若者たちの心を繋いでおくために、いろいろなイベントを考えた。主な例を二つ上げておく。

　一つめは、〈FiSahara フィサハラ〉という難民映画祭だ。2003年から1年に1度開催し、外国の映画人や映画作品を招待している。スペインの映画人たちが支援している。

　二つめは、西サハラ難民政府が2009年から開校した〈西サハラ夏期大学〉

西サハラ難民軍の戦車と兵士たち

だ。アルジェリアや南アフリカやヨーロッパの学識者が講演を繰り広げる。モロッコ占領地・西サハラからもモロッコの空港で拘束されることを厭わず、西サハラの活動家たちが参加し、モロッコ植民地支配下の閉塞された現状を語る。費用はアルジェリア持ちだ。

西サハラ・アリ大会を護る兵士アリ

　2011年12月12日から12月20日まで、第13回西サハラ民族大会が行われた。

　西サハラ難民亡命政府の呼びかけに応じて、アルジェリアの難民キャンプから、モロッコ占領地・西サハラから、独立を目指す西サハラの人々が砂漠の真ん中にあるティファリティに集まってきた。推定人口30万人の内、2,100人の代表者たちが500のテントを張り、砂混じりのパンを分け合いながら激論を交わしたのだ。

　大会会場のティファリティはポリサリオ西サハラ難民亡命政府が支配する西サハラ解放区にある。難民キャンプがある不毛のアルジェリア砂漠とは違い、地下水脈があり、タルハという名の木やボール状の草が砂地にへばりついている。スペイン植民地時代の廃墟はあるが住民はいない。将来のためにと小学校と病院と9棟の宿泊施設が建てられている。ここで西サハラ民族大会を開催したのは、国連が提案した国連西サハラ人民投票が行われる予定地だからだ。

　大会は、国連西サハラ人民投票の早期実施を国連や国際社会に訴え続ける一方で、西サハラ独立を目指す武装闘争も選択肢として残すことを決議した。

　大会には、初めてモロッコ占領地・西サハラから55人の西サハラ被占領民が参加した。

　55人はモロッコ占領地のラユーン空港を出発し、乗継のカサブランカ空港でモロッコ警察に拘束され、3日間足止めを食った。だが、ヨーロッパのNGO団体に助けられてアルジェリアのアルジェ空港に到着し、ティンドゥフの難民キャンプを経由して民族大会会場のティファリティにやっと辿り着いた。しかし、例によって帰りはもっと怖い。モロッコ占領地・西サハラのラユーン空港に着いたら、家には帰れずそのまま監獄に連れていかれる。それでも西サハラ被占領民55人は西サハラ民族大会に参加した。

　モロッコ占領地・西サハラの首都ラユーンから来たアハマド・サーレハ

は、数人の占領地仲間と同じテントで寝泊りした。占領地仲間の誰もが、故郷モロッコ占領地では占領警察から追われる身である。「私はモロッコ占領地・西サハラの首都ラユーンで平和的な人権活動をしている。これまで通算20年間、モロッコ当局の獄に繋がれてきた。モロッコ本土も含め5箇所の監獄を転々とさせられてきたが、ラユーンの暗黒監獄は最悪だった。監獄から無実の仲間を救出したり、行方不明者の捜索を国際社会に訴えるためにCODESAという組織を2005年に立ち上げたが、モロッコ当局からすぐに非合法のレッテルを貼られ、私も含め活動家たちは逮捕された。占領下ではあらゆるデモや組織作りが禁止されている。この大会に参加したのも世界中にモロッコ占領当局の迫害を知ってもらうためだ。アルジェからモロッコのカサブランカ空港に着いたら逮捕されるだろうね。だが、もう恐れない」と、サレハは語った。

　55人の中には、西サハラ人犠牲者を助ける会・ASVDHのブラヒム・サッバール会長の姿もあった。

　ブラヒム・サッバールは1981年から1991年までモロッコ占領当局の記録では行方不明になっていた。「モロッコの暗黒監獄に繋がれていたんだ。421人収監されていたのを、国際アムネスティーが見つけてくれた。うち42人は拷問と餓えで死んでいた。2006年から2008年まで再収監された。我々は人間だ。モロッコ占領当局のやり方はむごすぎる。MINURSOミヌルソ（国連西サハラ人民投票監視団）にはモロッコ占領当局の非人権的行動をモニターする義務がある」とサッバールは訴えた。その後も、事あるごとに収監され、我が家で過ごすより監獄生活の方が日常的になっているという。

　ブラヒム・サッバールのテントには、モロッコ占領地・西サハラからやってきた数人の人権活動家たちが同宿していた。

　サッバールのテントに、ポリサリオ戦線兵二人が警護の任務についた。一人は兵士アリだった。4年ぶりに会った故郷の先輩活動家たちと三食を共にし、アリはうれしさで舞い上がった。警護の役目などそっちのけで、独立後の祖国西サハラを語り明かしたのだった。

第3話

アリの穴から世界を覗く

（アフリカ、アメリカ、ヨーロッパ、国連）

西サハラ難民映画祭２０１５のポスター（提供ＳＰＳ）

チェンジした世界？　嘘！

　2009 年 1 月 20 日、小雪が舞う凍てついたアメリカ首都ワシントンの議事堂前に、約 200 万人の大群衆が集まった。午後 0 時 5 分、フセイン・バラク・オバマが「これで 44 人の米国人が大統領の宣誓をした」と就任演説をし、アメリカ史上初のアフリカ・アメリカ大統領が誕生した。喝采したのはアメリカの黒人やラテン系住民だけではない。アラブ人、アジア人、少数民族、移民、難民、流民などなど、世界中のマイナーな人々が、まるで救世主が現れたかのように歓喜した。アフリカ・アメリカ大統領は、"Change チェンジ"の一言で、世界最強大統領の座を勝ち取ったのだ。虐げられてきた人々は自分たちの人生も変わるのではないか、と錯覚した。

　アリも同様で、配属されていた武器庫兼武器博物館でオバマ・アフリカ・アメリカ大統領の就任実況をラジオで聞き、新兵仲間と抱き合って喜んだ。「西サハラにもチェンジが訪れるのだ！」と。この武器庫兼武器博物館はラボニ難民政府センターの近くにあり、モロッコ軍から奪った戦車や重火器類が展示されている。様々な地雷も並べられている。アメリカ製、フランス製、イスラエル製などなど、モロッコ軍がどこの国から武器を仕入れてきたか明らかだ。重火器は手入れが行き届いていて、大部分がいますぐ使用可能だ。

アメリカ大統領に初就任した頃のオバマ氏

オバマはアメリカをチェンジしたか？

　第 44 代アメリカ大統領就任式に、エドワード・ケネデイー上院議員は主治医が止めるのを振り切って参列した。ジョン・ケネデイー第 35 代アメリカ大統領を兄に持つエドワード・ケネデイ上院議員は、大統領選挙戦で自ら「ラ・パロマ」をスペイン語で歌ってラテン系の票をオバマのためにかき集めた。エドワードの夢でもあったオバマ・アフリカ・アメリカ大統領就任式

に、参列しないわけにはいかない。度重なる脳腫瘍の手術で、エドワードの体は相当痛んでいた。式の最中に発作を起こし車椅子で途中退席せざるをえなかったが、Ｖサインのエドワードは子供のように無邪気で陽気だった。

　大統領に就任した翌日から、オバマ・アフリカ・アメリカ大統領は、大統領選挙戦中に公約した条例に次々と署名した。1月22日に「グァンタナモ（重要犯罪拷問刑務所）を一年以内に閉鎖」、1月23日に「人工中絶予算の中止に中止」、1月30日に〈合衆国労働法に基いて労働者の権利を守り支援する〉と、オーバルルーム大統領執務室で、大統領令にサインのぺんを走らせ続けた。残念ながら、最初の大統領令は実現していない。

　2009年3月31日、エドワード上院議員は6人の上院議員を集めてオバマ・アメリカ・アフリカ大統領に意見書を提出し、国連西サハラ人民投票への支援を促した。

———————————— ＊＊ ————————————

合衆国上院　2009年3月31日

大統領、ホワイトハウス　1600　ペンシルベニア通り、ワシントンDC 20500

　「親愛なる大統領、あなたが職務に就かれたのにあたり、民族自決権行使の自由で公正で透明な〈国連人民投票〉を目指す西サハラ人民を支援することを、我々は政権に強く促します。この問題は国際社会が容認している正義に関わることであり、西サハラの人々が将来の経済や政治を民主的に選択するというやり方は、アメリカの国義にかなうものです。

　1975年にICC国際司法裁判所は西サハラ民族自決権を取り上げました。ご存知のように、国連憲章は民族自決権を尊重し、国連総会は常にこの権利の施行を鼓舞してきました。国連は、西サハラの民族自決権を承認する数十の決議を出してきたし、西サハラの人々が独立かモロッコ帰属かを決める人民投票を速やかに施行するためにMINURSO（国連西サハラ人民投票監視団）も創設しました。不幸なことにモロッコは人民投票を拒否し、その代わりに、独立の可能性を含む民族自決権行使を無視した地方自治制度を提案しました。

　西サハラの人々は、モロッコが軍事侵攻し大部分の領土を占領して以来、苦難の生活に耐えてきたのです。その多くはアルジェリア砂漠にある難民

キャンプで、1970 年半ばから緊急援助食糧に頼って命を繋いできました。さらに、モロッコの人権侵害に関しては、アメリカ国務省がこの数年間の年次報告で「人権行動国別リポート」として警告を発しています。他の信頼すべき人権団体も、同様に告発しています。

　あなたの大統領統治の下で、この長期間に渡る紛争に解決の風穴を開ける機会を作っていただきたいと念じています。最近、アメリカのベテラン外交官で中東の専門家であるクリストファー・ロスが、公正で実現性のある西サハラ問題解決に向け、国連事務総長個人特使に任命されました。以上のことを鑑み、独立の可能性を含む民主的な二者択一の投票を経て西サハラ人が自ら未来を決めようとしていることに対して、我々は心から、あなたの支援を要請します。加えて我々は、MINURSO の作業の中に〈人権侵害監視〉を取り入れるよう、あなたからの緊急助言を求めます。

　この重要な課題に関して、あなたのお時間を頂いたことに感謝します。あなたからのさらなるご関与をお待ちし、共にこの西サハラ紛争に関して正当で民主的な解決策を創造していくことを、願っております。

　　米上院議員 7 名の署名：

　　エドワード・ケネディー、ルセッル・フェインゴールド、ハーブ・コー

ル、パトリック・リーヒ、ジェイムス・インフォフェ、サム・ブロウ
ンバック、ジム・デミント

　二度にわたって来日したムロウド西サハラ・アジア担当大臣は、1991年
から2006年まで西サハラ・ワシントン代表だった。その間、エドワード上
院議員はムロウド西サハラ難民政府ワシントン代表を支援した。「2005年に
長女がワシントンの病院で生まれた時、真っ先に祝電をくれたのが、エドワー
ド上院議員だった」と、ムロウドは語った。西サハラの大親友だったエドワー
ド上院議員は、2009年8月25日に脳腫瘍で死んだ。8月29日の葬儀には「チェ
ロ奏者ヨーヨーが演奏し、テノール歌手プラシド・ドミンゴが声を張り上げ
た。エドワードが生きていたら！」と、ムロウドは悔しがるが、国連西サハ
ラ人民投票は西サハラ人のためのもので、西サハラ人自身が懸命になって実
現させる類のものだ。自分たちがやらないで、誰がやってくれる？　みんな、
それぞれがそれぞれのことで忙しいのだ。

　アフリカ・アメリカ・オバマ大統領はホワイトハウスをブラックハウスに
変えたと言われている。これまでアメリカ上流階級には全く縁のなかった黒
人や中南米からの移民や黄色人やゲイたちが、ホワイトハウスのローズガー
デンを走り回り、国賓公式晩餐会が行われるステートダイニングルームを埋
め尽くす。チェンジだなあ～。

　2015年初頭、次期アメリカ大統領候補がかしましく登場し、「オバマはレー
ムダック」と、オバマ嫌いの輩はひねくれた陰口を叩き始めたが、オバマは
全く意に介することなく大進撃！　着々とオバマレガシー・遺産を作り続け
た。戦争とか紛争とかの〈負の遺産〉ではなく、弁護士で人権活動家に相応
しい、融和と平和ムードで残り任期を全うしたいようだ。平和を渇望する世
界市民にとって、誠に歓迎すべき企画である。

　6月23日、ホワイトハウスの報道官が、「過激派からアメリカ人の人質釈
放に関して、その家族に身代金を要求してきたら、支払っても罪に問わない。
アメリカ政府は過激派との接触を厭わないが、過激派との対決姿勢は崩さ
ない」と発表した。続く6月24日にはオバマ自ら、人質救出作戦の180度
転換を発表した。未だにアメリカは海外で30人以上の人質を取られている。
心優しいオバマ・アフリカ・アメリカ大統領としては、人質を家族の元に帰

すことを優先させたかったようだ。2015年7月20日、アメリカの空にキューバ国旗が誇らしく翻ってアメリカとキューバの正式国交回復を祝福し、アフリカ・アメリカ・オバマ大統領の輝かしいレガシー（遺産）がまたひとつ増えた。故ケネデイー大統領がキューバとの国交を断絶した1961年から44年間、キューバに対する差別と経済制裁というアメリカの〈負の遺産〉をやっと破壊したのだ。歴史的なオバマ・レガシー（遺産）は、同性婚の容認、イラン核問題合意と、どんどん積み上がっていった。2015年7月23日、ホワイトハウスでのBBCインタヴューで、「AUアフリカ連合本部は2012年に中国が2億ドル出資して新設された。アフリカ大陸では、中国に較べアメリカは遅れをとっているのでは？」というジョン・ソペル記者の質問に、オバマは「中国がアフリカを援助するのは、結構なことで歓迎する」と、答えた。また、「ケニアのキリスト教団体が同性婚を口にしないでくれといってるが？」との質問には、「私は言いたいことを言う」と主張し、ケニアでは公然と同性婚支持を表明した。これに対してケニア大統領ケニヤッタは「アフリカには我々自身の考えと慣習がある」と同性婚に反対し、オバマは「不賛成に賛成する」と、返した。そして、歴史的なオバマのアフリカ訪問は第2の祖国ケニヤから始まった。7月28日には、アメリカ大統領として初めてAUアフリカ連合を訪問した。

　AUアフリカ連合マンデラホールで、オバマ・アフリカ・アメリカ大統領は、「アフリカで6千万以上の家庭と 職場に電気を送る」と約束した。「終身大統領になろうだなんて、欲たけてはいけない」と、同じ演説の中でオバマ・アフリカ・アメリカ大統領は苦言を呈した。会場にいた大部分のアフリカ大統領は、長期権力者たちだ。そしてオバマ・アフリカ・アメリカ大統領は、「事実、私はなかなかいいアメリカ大統領だと思う。もし私がアメリカ次期大統領選挙に出たら勝つ。だが、できない」と、国の法律が決めた任期を遵守するよう促した。

　ラストコロニー西サハラから参加していた、駐エチオピア西サハラ大使館オマル一等書記官は苦笑いした。西サハラ難民大統領も40年近く、国連人民投票を待たされたまま、その職にあったからだ。結局、オバマAU大会に西サハラ難民政府の幹部は出席しなかった。

　アリは、夏期休暇でお目付け役のシディアのテントに帰っていた。「どう

してうちの大統領はオバマ・アメリカ大統領に会いに行かないんだ？　国連よりオバマに助けてもらったほうがずっと早く解決できるよ！」と、アリは腰の重い西サハラ難民政府に苛ついて、シディアに疑問をぶつけた。「俺には分からない。執行部の方針だから」と、シディアは答えながら、心ではアリ以上に、頑なな執行部にむかついていた。

　オバマレガシー（遺産）は、歴史的遺産になりつつあった。歴史的廃物になる前に利用しなくてはと、アリもシディアもイライラしていた。

強くチェンジした AU アフリカ連合

　オバマ・アフリカ・アメリカ大統領の登場で、一番変わったのはアフリカ人だ。なんたってオバマ第二の故郷ケニヤでは、子供からおばあちゃんにいたるまで誇り高く、輝いている。アフリカ人が作っている AU アフリカ連合は、モロッコや意地悪白人

ブジュドウール難民キャンプ（州の扱い）の女性知事と筆者

どもに馬鹿にされながらも、目を見張るほど自信をつけ強くなった。ついに、2015 年 7 月 28 日、世界最強のアメリカ大統領を、エチオピア首都アジスアベバにある AU アフリカ連合に呼びつけたのだ。

　やっと日本の庶民にも知られるようになってきた、AU アフリカ連合を覗いてみよう。

　AU アフリカ連合の前身は OAU（アフリカ統一機構）で、1963 年 5 月 25 日、アフリカ諸国の独立を支援し、連帯を強めて旧植民地主義と冷戦による新植民地主義に対応するために創設された。OAU 提唱者はエチオピア皇帝ハイレ・セラシエとギニア大統領セク・トゥーレで、エチオピアの首都アジ

スアベバに本拠を置いた。当時のアフリカ独立国33か国のうち、30か国がOAUに加盟した。

　1982年にOAUが、西サハラ難民政府のSADR（サハラ・アラブ・民主共和国）を正式加盟国に承認したことに反発して、モロッコは1984年にOAUから脱退した。

　1999年9月9日、生まれ故郷シルトでのカダフィは得意の絶頂にあった。約50人のアフリカ首脳陣を前に、「ワーヒダ・アフリキーヤ！（アフリカは一つ）」と拳を振り上げ連呼した。首都トリポリでの軍事行進では、「リビア軍はアフリカ人民のためにある！」と檄を飛ばした。行進にはリビア兵に混じってアフリカ傭兵の姿もある。筆者は15日間、アフリカ諸国のプレスと一緒に1999・9・9シルト大会の取材をしたが、殆どのプレスは取材陣にリビアがくれる小遣い目当てで、「アフリカは一つ」の気運は乏しかった。ある国の新聞記者は「まるで監獄だ」と本国に送信し、それがリビア情報省にばれて「金を返すか、記事を書き直すか」と迫られた。その記者は金の方を取った。

　カダフィはアラブの盟主になろうとしてアラブ連盟からそっぽを向かれ、北アフリカ・マグレブの盟主になろうとして北アフリカ諸国から馬鹿にされ、やっと、資金援助の代償でブラックアフリカ諸国の喝采を浴びることができた。2002年7月9日にはOAUを発展させて、カダフィ念願のAUアフリカ連合を創った。

　その後のカダフィは国連経済制裁に屈して、欧米の言うがままに〈反テロ有志連合〉に名を連ねた。だが、国連総会で国連憲章と思しき本を投げつけ国連を侮辱すると、再び欧米の狂犬にされ、2011年10月20日に当時のアメリカ国務長官の命令一下、故郷シルトで惨殺された。

　広いアフリカ大陸で、ただ一国、モロッコだけがAUアフリカ連合に加盟してこなかった。モロッコの言い分は、「資金不足で構造的問題に苦しんでいるアフリカ連合を、正直なところ当てにはしていなかった。実際、75％の予算を拠出しているのは、南アフリカ、エジプト、アルジェリア、昔のリビア、ナイジェリアの5か国で、残りのアフリカ諸国は割り当て金を支払っていなかった（サデイル・ムサーウィ〈西サハラをめぐる紛争と新たな文脈〉

より）」ということだった。

しかし、AUアフリカ連合を馬鹿にしていたモロッコも、国際組織の力をつけたAUを無視することができなくなった。そしてモロッコは、31年後の2017年1月31日に、AU

西サハラ難民女性カメラマン

チェンジした世界？　嘘！

の許可を得てAU再加入を果たした。

「アフリカが世界をリードする」とは、モロッコ国王陛下最近の御言葉だ。カダフィが1970年代から繰り返してきた言葉でもある。

チェンジできるか国際社会？

なぜ、国連西サハラ人民投票は28年経っても行われないのか？　国際社会は相変わらず無関心で、西サハラの人々は人民投票を待っているだけ。大手メデイアの関心も年々薄れていく一方で、西サハラ紛争の解決は推進するどころか、衰退していき28年も経ってしまった。

2015年に入って、西サハラを扱うホットニュースも見られなくなってきた。西サハラを取り上げる独立系のドキュメンタリー映画も、〈砂漠に埋もれ行く難民独立運動〉という類の、元気の出ない物ばかりだ。

2015年3月11日、ドイツの映像作家クリスチャン・グロッパーが、「ラスト・コロニー、忘れられた西サハラの人々」という題名の一時間ドキュメンタリーを初公開した。ドイツ・ダーマスタットのレックス・シネマで、共同制作した難民モハンマド・スレイマンや、西サハラ難民政府ドイツ代表モハンマド・エルマムンなどがオープニング・セレモニーに参加した。4月28日にフランコジャーマンTVで放映された後、フランス、ベルギー、オランダ、スイス、オーストリアの上映会で発表されたそうだ。

〈待つだけの人生〉と題された西サハラ難民キャンプのドキュメンタリー

を、ブラジル人ララ・リーが作った。『待つだけの人生』は2015年7月11日になって、西サハラ支援団体の集会で初めて上映された。国連西サハラ人民投票を待ち続ける西サハラ人を応援するアメリカの団体も7月30日に集会を開き、〈待つだけの人生〉を上映した。しかし、いずれも仲間うちの映画会だった。

　このまま、西サハラ人は砂に埋もれていくのか？
　2015年も半分以上過ぎて、西サハラの悲劇を知る人々は憂鬱だった。ところが2015年8月20日、パン・ギムン国連事務総長が西サハラ紛争に対しての緊急対応を、総会に宛てた報告書の中で訴えたのだ。2015年の国連総会は9月15日に開催された。事務総長は急ぐ理由について「この地域で、過激派とテロリストグループのつけ込む危険が過熱している。その一方で、十数万以上の難民の忍耐や若者たちのフラストレーションが限界に達していて、彼らが政治的解決に対する信頼を失い始めているからだ」と、報告書の中で語っている。そして彼は、「被植民地国とその住民の独立を認める宣言に基いた国連総会第4委員会が、西サハラは未確定地域（植民地）であるということを改めて確認した」と、説明を加えた。さらに彼は報告書の中で、「2015年の終わりに当該地域を視察する。その訪問の前に両当事者が交渉の場に着くことを求め、国連加盟国が協力するように初めて正式に要請する」と述べた。そして「ロス国連事務総長個人特使が交渉に向けて新たな模索を始め、両当事者に速やかな対応をするよう促した」と言及した。
　国連は本当にチェンジしたのか？　国連は国際社会をチェンジ出来るのだろうか？

ノーチェンジのモロッコ

　アメリカもアフリカ連合も、オバマの登場でいささかチェンジした。だが、ラストコロニー西サハラを占領するモロッコ、そして西サハラ難民が長期の居候をしている、大家のアルジェリアはチェンジしたのだろうか？

変わらぬモロッコの占領

　「クソッ！」アリは苛々していた。毎日のようにモロッコ占領地・西サハラから、西サハラ同胞の悲鳴が送られてくる。モロッコ占領警察に叩かれ血まみれなって拘束されていく同胞の姿が、アリの夢の中に出てくる。モロッコ占領地・西サハラはアリがいた頃と、まったく変わっていない。

　モロッコは、西サハラ難民キャンプとアルジェリアに＜テロの温床＞という汚名を着せようとしたが失敗した。モロッコは、〈国連西サハラ人民投票〉潰しに失敗した。西サハラを手放したくないモロッコは、西サハラ大地を地雷原〈砂の壁〉で分断したまま、アリたち西サハラ住民を閉じ込め、時代錯誤な植民地支配を続けている。

　①モロッコの麻薬とテロ、②モロッコの「優秀な」ハッカー、③モロッコの地雷、④モロッコの兵糧攻め、⑤モロッコの王様と、ノーチェンジのモロッコ占領政策の実態を以下に並べていく。

① モロッコの麻薬とテロ

　モロッコはこれまで、「西サハラ難民キャンプはテロと麻薬の温床」という汚名を着せようと、デマ中傷の捏造に精を出してきた。だが、捏造詐欺のご本人が、どうも真犯人のようだ。テロリストの温床がモロッコであることも、ヨーロッパで起きた大部分のテロ事件がモロッコ人IS細胞によるものだと判明している。麻薬とテロの温床はモロッコではないか？

　2015年6月30日付けのSPS（サハラ・プレス・サービス）はモロッコの〈麻薬男爵（麻薬王）〉とAQIMアキム（マグレブ・イスラム・アルカイダ）

系過激派MUJAOとの繋がりを証明する、数あるレポートの一つを公表した。ニューヨーク州立大学教授アブデルカーデル・シェリフ博士によるレポートは、「国連専門家が報告しているように、アフリカでの過激派組織と反政府組織が作りあげた密輸ルートは、アフリカのみならず欧米にも危険をもたらしている。麻薬ハシッシ密輸ルートはモロッコのリーフ山地に発し、西モロッコとアルジェリの国境沿いに南下し、西サハラ解放区に入る。多額の賄賂でモロッコ側の警備員や国境監視兵は買収され、密輸の旅は楽チンだ。直接ヨーロッパに密輸されるハシッシもあるが、大部分はいわゆる密輸過激派が支配する無法の三角地帯に運ばれる。三角地帯とはマリ、ニジェール、東モーリタニア、南アルジェリア、南リビア方面を指す。UNODC（国連麻薬犯罪局）の発表では、アルジェリアで押収されたモロッコ産麻薬ハシッシは年々増加の一途を辿っている」と警告している。博士はこのレポートを 2015 年 6 月 29 日、アブーダビ日刊紙の National（ナショナル）欄で発表した。

　アルジェリア外務大臣の発言を待つまでもなく、モロッコ産麻薬ハシッシがモロッコ王国航空によって密輸され、モロッコ国内銀行のマネーロンダリングによってそのあぶく銭が、サハラ以南のアフリカに流れているそうだ。

海賊の町だったサレにある墓地から、モロッコ首都ラバトを望む

ハシッシはアラビア語で〈アル・カナビ　アル・ヒンディ〉と呼び〈インドのハシッシ〉を意味する。インドでは自生のハシッシーが群生している。植物として生えているハシッシは合法物だが、精製した粉末や固形物になると犯罪物になる。花穂や葉から取れる樹液を圧縮して固形状の樹脂にした大麻加工品を大麻樹脂（ハシッシ）という。世界における消費地は主に西ヨーロッパであり、世界における大麻樹脂の74％は西ヨーロッパで押収されている。そしてモロッコが大麻樹脂の最大生産国だ。

ハシッシの使用法は、乾燥大麻または大麻樹脂を煙草の巻紙に巻いたものに点火して吸ったり、キセルや水パイプで摂取したり、料理に入れたりお菓子に入れたりもする。

モロッコ産ハシッシ密輸に関しては、UN 国連のみならず EU ヨーロッパ連合や US アメリカ国務省も非難し続けてきた。モロッコは最近になって、コカインなど他種の麻薬密売を続けている中南米諸国に急接近している。

② モロッコの「優秀な」ハッカーたち

モロッコのコンピューター・スパイ行為を暴いたのは、西サハラ難民キャンプの若者たちだった。

西サハラ難民には、一家のテントにパソコンがあるわけではないので、若者たちは難民キャンプのインターネットカフェで、世界の情報を探る。こうした若者たちの〈草の根検索〉が、モロッコのハッカーを逆ハッカーしたのだ。

2015 年 7 月 1 日、西サハラ難民政府大統領がゼイド・ラード・フセインUNOHCHR 国連人権高等弁務官に、「〈Chris_coleman24〉という渾名のハッカーが、ジュネーブの国連人権高等弁務官事務所で暗躍している。国連人権問題作業を妨害している」と、強い警告を発した。

ハッカーをハッカーする信頼すべき筋によると、西サハラ問題に関する国連事務所のコンピューターを、モロッコはハッカー会社数軒に大金を払ってスパイさせているという。モロッコはこの業界で三番めのお得意様で、300万ユーロ（約 4 億 5 千万円）以上を注ぎ込んでいるらしい。ハッカー会社がモロッコに流した国連関連スパイ情報は、400 ギガバイト以上になると、信頼すべきハッカー筋が 2015 年 7 月 12 日に暴露した。モロッコはイタリア・ミラノ某ハッカー会社の会員で、〈Chris Coleman〉の渾名を使って、国連PKO の機密情報を獲得している。他のルートでも、様々な国連事務局の機

密文書をスパイしている。モロッコはカサブランカ、ラバト、タンジェの3拠点で Amesays, Vupen といったフランスのハッカー関連会社指導の下にスパイ活動に精を出している。国境なき記者団も、「Mamfakinch というモロッコの情報サイトがスパイ活動をしている」と報告している。

③ モロッコの地雷

　どうして、何のために、モロッコは600万個もの地雷を埋めたのか？「地雷は無差別に不意に罪のない人を殺傷する、世にも恐ろしい卑怯な爆弾だゾ！」と、アリはモロッコ王の首根っこを捕まえて、土下座させたい気分にかられる。「モロッコ人みんなが悪いわけではないだろうけど、〈悪の種子〉がDNAに組み込まれているのではないか」と、アリは思うようになってきた。

　2015年1月24日、モロッコ占領地・西サハラの古都スマラ近郊を流れるナスと呼ばれるワジ・涸れ川で、西サハラの遊牧民が地雷を踏み一人が死亡、3人が重傷を負った。4人は羊たちに朝食を食わせるため草を求めて移動中だった。幸いなことに、羊たちに怪我はなかった。

　地雷のあった場所は、〈砂の壁〉からモロッコ側に3キロ入った国連緩衝

西サハラ難民軍訓練用の擬似・砂の壁

地帯で、モロッコが地雷を新たに敷設したのなら停戦違反だ。アリはこの痛ましいニュースを〈砂の壁〉からモロッコと反対側に83キロメートル離れた、西サハラ解放区にある〈ミジェク〉ポリサリオ難民軍基地で聞いた。事件現場は、アリたち5人が6年前に、モロッコ兵と〈砂の壁〉のサーチライトに脅えながら移動した場所に近い。しかし、脱出5人組は西サハラ解放区側にしか埋まっていないと先輩活動家から聞かされていたので、〈砂の壁〉手前のモロッコ占領地側では地雷の危険性を考えもしなかった。「クソ！　チャンとした情報をよこセヨ！　地雷は西サハラ中にあるんじゃないか！！！」と、アリはまた苛ついた。

　モロッコが埋めた地雷に苛々させられるのは、アリや西サハラ遊牧民だけではない。南モロッコに住む西サハラ人もモロッコ人も、地雷の危険に曝されている。2015年8月16日、モロッコ本土にある町タンタンでも地雷が暴発し、西サハラ人が大怪我をした。

　現在のタンタンはモロッコ南部にある港街で、2013年4月11日にAFRICOM（USアフリカ軍）演習中の米軍オスプレーが墜落したことから、日本人にも知られるようになった。モロッコ占領地・西サハラからは約100キロメートルの距離にあり、昔から西サハラ人が住みついている。モロッコは〈砂の壁〉周辺だけでなく、モロッコ占領地にもモロッコ本土にも地雷をばら撒いているのだ。

　毎年、4月4日の＜国際地雷デー＞になると、西サハラ難民キャンプの住人は、キャンプに一番近く80キロメートル離れた〈砂の壁〉の前で抗議デモをやる。

　2005年に西サハラ難民政府は〈反・対人地雷ジュネーブ・コール〉にサインした。そして出来る限りの協力を、反地雷運動に対して続けている。しかし、モロッコは〈反地雷オタワ条約と反クラスター爆弾オスロ条約〉にサインすらしていない。

　2015年6月5日、アルジャジーラのウェブサイドに、「〈砂の壁〉の建設は正しい」との、モロッコの主張を載せた。地雷を埋めることも正しいと、モロッコは言い出しそうだ。

④ モロッコの兵糧攻め

　モロッコはアリたちモロッコ占領地の西サハラ住民に、〈西サハラ〉を南

サハラまたはモロッコ・サハラと呼ばせ、CORCAS（王立サハラ問題諮問評議会）という組織を 2006 年に立ち上げた。アリたちは CORCAS の監視下に置かれ、CORCAS はモロッコ占領地西サハラに報道規制を敷いている。海外の報道にも目を光らせ妨害してくる。今やモロッコは、モロッコ占領地・西サハラの支配のみならず、アルジェリアにある西サハラ難民キャンプを壊滅に追い込もうと、果敢な攻撃を仕掛けている。CORCAS は 2015 年 7 月 9 日に、「駐モロッコ初代パナマ大使デメトリオ大使によると、西サハラ難民キャンプはこの数週間、貧困と絶望で不穏な空気に包まれている」と、パナマ紙ラ・エストレッジャの記事を転送した。さらにこのパナマ紙は、「NGO の OLAF（欧州詐欺反対事務所）が、西サハラ難民政府とアルジェリアと国際人道団体とがぐるになって難民の員数を 3 倍近く水増し、相当の難民支援物資をアルジェリアやマリやモーリタニアに売り捌いていることを突き止めた」と書いているそうだ。

　CORCAS の中傷に対して駐アルジェリア WFP（世界食糧計画）が、2017 年 8 月 16 日に筆者とのインタヴューで、はっきりと否定した。「西サハラ難民の人道的援助物資を横流ししているという OLAF 報告のコピーを、我々は受け取った。まったく根拠のない中傷に過ぎない。2003 年の調査に基き 2007 に文書化し、2015 年に公表した報告書らしいが、何の証拠もない」と、ロマイン・シロイス WFP 代表は断言した。

⑤ モロッコの王様

　アリがモロッコ占領地・西サハラで、モロッコの王様を批判すると、どうなるのか？

　「そんなこと、するわけないだろ！　占領警察に殺されたいんだったら別だけど」と、アリの声が返ってきた。かつてモロッコ人の漫画家が王様を描いて、5 年の刑を食らったことがある。一般にこの手の不敬罪は 5 年以上だと言われている。モロッコの王様には逆らえないのだ。2012 年 3 月にフランスで「Le Roi Predateur（略奪王）」という、モロッコ王の暴露本が出版された。著者のエリック・ロレントとカテリーナ・グラシエは、1999 年から王位に就いているモハンマド 6 世が、西サハラを捕食して私腹を肥やしてきたことを、詳細にばらしている。王様の苛々が目に浮かぶ。〈柳の下〉を狙った著者の二人は、「続編モロッコ王暴露本」を出版するぞとモロッコ王を恐

モロッコ首都ラバトにあるエルスンナ・モスクと王宮

喝した。だが、モロッコ諜報部員から贋金を受け取った瞬間、モロッコ警察に逮捕された。

　モロッコの王様は国連の場でも同じように王令が通じるものと錯覚している。

　モロッコは2012年1月から2013年12月まで、非常任理事国として安保理に参加していた。安保理に席がある2年の間に、モロッコ王の厳命を受けたモロッコ国連大使オマル・ヒラルは、西サハラ問題から国連が手を引くようにと、必死で工作した。

　アリは、ヒラル・モロッコ国連大使が本国に送った極秘Faxを SPS（西サハラ難民キャンプ通信）のウェブサイトで見た。「賄賂とか脅迫という手練手管は、裏社会ではおなじみの犯罪だ。だが、国がやるようなことかよ！ 恥ずかしいよ！　クソッ！」アリはなりふり構わず国連を愚弄するモロッコに、ただただ呆れる一方だった。

　アリも見た極秘Faxを基に、モロッコの対国連裏工作を検証してみよう。2012年5月10日、モロッコ外務大臣サアド・エッディン・オットマン（当

時）がモロッコの王様に、「要注意！　国連が国連主催の両当事者交渉の継続を表明」と、ご注進。国連の和平交渉を拒否し、〈両当事者交渉〉などにも応じたくないモロッコの王様は、「国連事務総長個人特使クリストファー・ロスをモロッコ王国は信頼できない」と、2012年5月17日、絶縁状を国連事務総長に叩きつけた。2013年2月8日、ヒラル・モロッコ国連ジュネーブ大使（当時）はモロッコ内閣に、〈人権問題に関するロス特使と国連人権高等弁務官〉と題する機密Faxを送った。Faxは、モロッコの国連スパイ・コンパスからの情報として、「国連人権高等弁務官ピライ夫人は、彼女に西サハラ占領地視察を勧めるロス個人特使の提言に、乗り気でないようだ」と、報告した。さらにヒラル大使は「ロスは、モロッコ国王が彼の更迭を求めたことの真意を、この期に及んでも分かってない！」と、付け加えている。

　2013年11月29日、ヒラル大使がモロッコ内閣に宛てたFaxは〈国連人権高等弁務官のモロッコ訪問〉と、題されている。その中で、「国連人権高等弁務官内のモロッコ協力者である、フラヴィア・パンシエリ夫人やアンドレス・コンパス現地作戦課長などの工作で、ピライ国連人権高等弁務官のモロッコのみの訪問が確実になった」と、コンパスなどの諜報工作を称賛している。

　2015年1月にはモハンマド六世国王陛下が国連事務総長パン・ギムンに電話で直々に、「サハラ問題をモロッコに手渡すこと」と、申しつけられた。（2015年2月6日　CORCASコルカス・王立サハラ問題諮問委員会発）

　2015年8月14日にモロッコ国王は、「我々は国家の主権と国土の領有を守り続けていく。それに対して交渉の余地などない」と、さらなるご託宣をされた。

　モロッコは国連決議を反故にしようとした。だが、失敗した。

　モロッコは国連決議と西サハラ民族自決権を支持するアルジェリアを抱き込もうとした。だが、失敗した。

　モロッコはアルジェリアとアルジェリア領土内にある西サハラ難民キャンプに〈テロの温床〉というレッテルを貼ろうとした。だが、失敗した。

　モロッコはアルジェリアから西サハラ難民を追い出そうとしたが失敗した。

　悪巧みにことごとく失敗したモロッコの王様は、結局Uターンして、〈西

サハラはモロッコ王の物だった〉という昔ながらのお伽噺を、復活させるお
つもりらしい。

変わるか？　アルジェリアの支援

　モロッコが、アルジェリアはテロ支援国家だとか、西サハラ難民キャンプ
への援助物資をネコババしているなどと誹謗中傷しても、アルジェリアは西
サハラ難民を変わらず支援し続けている。モロッコが、西サハラを外してモ
ロッコとアルジェリアだけで話をつけようと誘惑しても、アルジェリアは変
わらず西サハラ側に付いて応援し続けている。

　アルジェリア民主人民共和国は、150万以上というアルジェリア人犠牲者
を出して、1962年に旧植民地支配国フランスから独立を勝ち取った。自国
他国を問わず、独立を目指す人々に対して信義の熱い国である。45年にわ
たり西サハラ難民の支援を続けてきた。

　アルジェリア大学に無償留学させてもらったアリの脱出仲間4人と共に、
アルジェリア人を学んでみよう。学習科目は、①アルジェリア対仏独立戦争
小史、②アルジェリア浪漫、③サハラ砂漠フランス核実験の記録映画、④ア
ルジェリアと日本人、⑤アルジェリアはテロの犠牲者、と五つある。

① アルジェリア対仏独立戦争小史（1954 〜 1962）

　1830年、フランスがアルジェの町を占拠した。

　1832年、アルジェリア人宗教家アブデ・ル・カーデルがイスラム教を掲
げて、フランス占領軍に叛旗を翻す。だが、1847年にはフランス軍に投降
してしまう。

　1854年、フランスはアルジェリア全土を支配下に置く。主に葡萄栽培と
葡萄酒製造のためにヨーロッパ人入植者を送り込んだ。労働者はただ同然の
現地アルジェリア人だった。

　1954年11月1日、FLNアルジェリア民族解放戦線が武装闘争を開始する。

　1956年からFLN民族解放戦線はアルジェ市街地で、フランス人が経営し
ヨーロッパ人がたむろする映画館やバーやカフェを狙った爆弾テロに突入し
た。

　1958年6月6日、仏軍は643,000人の兵力をアルジェリアに投入した。折

しも不毛のサハラ砂漠に石油が溢れ出し、フランスはアルジェリアを手離したくなかった。

　1962 年 7 月 6 日、フランスはアルジェリアの独立を認めた。

② アルジェリア浪漫

　アブデ・ル・カーデル・ベングリナ観光大臣（当時）のご案内で、筆者は古代ローマ帝国時代の航路を辿ったことがある。その船上で、「1 に砂漠、2 に古代壁画、3 に古代ローマ遺跡、4 にイスラム文化、5 に懐かしのヨーロッパ文化。アルジェリアはまさに自然と文化が織り成すパノラマだ」と、観光大臣はアルジェリアのお国自慢をした。「でも、お国にはテロが…」と水をさすと、「他国のテロはアルジェリアの比じゃない。エジプト、スペイン、イギリス、フランス、どの観光国もテロだらけ。しかも他国のテロを非難し戦争に利用するアメリカは、世界一のテロ大国だ。どの国も自国のテロに目をつぶり、観光客を誘惑する。隣の小国チュニジアですら年間 3,000 万ドル（約 30 億円）以上の観光収入を上げている。アルジェリアはエネルギー資源頼みで観光資源をおろそかにしてきた。日本の皆さんも「アハラン・ワ・サハラン（アラビア語で、いらっしゃい）」と、観光大臣は宣伝した。

　フランス人は広大なサハラ砂漠と藍色のターバンに民族衣装ガンドゥーラ

アルジェリア首都アルジェ、港と中央駅が浪漫を物語る

を翻らせラクダを駆使するトゥアレグ族に夢中だ。イタリア人は独立戦争の臭いが残るカスバにご執心だ。スイス生まれの建築家コルビュジエは、ガルダイヤの伝統的砂漠要塞を絶賛する。

　さて日本人は〈ここは地の果てアルジェリア、どうせカスバの夜に咲く（1930 年代の歌）イメージから抜け出していないようだ。外務省がアルジェリア各地にそれぞれ〈渡航延期〉〈渡航検討〉〈十分注意〉などと貼ったレッテルを剥がしていないせいもある。

③ サハラ砂漠フランス核実験（1960 ～ 1966）の記録映画

　フランスに住むアルジェリア人記録映画作家ジャメル・ワハブは、独立プロでアルジェリア移民二世の問題を追い続けている。アルジェリア戦争の時フランス側に味方して戦った 25 万のアルジェリア人（通称アルキ、harki）が、アルジェリア新政府の復讐を恐れてフランスに移住した。ジャメルの一家もアルキと呼ばれる移民だ。アルキは移民を嫌うフランス人達にいじめられ、二級市民の生活を強いられている。

　その移民二世のジャメルが〈青い飛び鼠〉と題する、サハラ砂漠でのフランス核実験被爆者映像を、2009 年に発表した。

　フランスは植民地アルジェリアのサハラ砂漠レッガヌ地方で、アルジェリア戦争真っ最中の1960 年から1961 年にかけて、計四回の大気圏核実験を行っていた。インエケル地方の地下では、1961 年 11 月 9 日から 1966 年 2 月 16日まで 13 回の地下核実験を行った。核実験と知らされず実験場で働かされた現地人やフランス兵たちは被爆し、医者から原爆病と告げられ、フランス政府に核実験の資料公開と被爆補償を求めたが、フランス政府は取り合わなかった。

　しかし、ジャメルの告発記録映画が引き金になって、核実験から 49 年経った 2009 年 3 月、仏国防相エルヴェ・モランが核実験被害補償に向けて、仏核実験に関する資料公開を約束した。同年 3 月 24 日、仏核実験被害者補償に 13 億 3 千万円の予算を計上すると約束した。

　2010 年 2 月 16 日にはフランス紙パリジャンが、「1960 年～ 1996 年仏核実験報告書（国防機密文書）」260 頁全文を暴露した。アルジェリアにも被爆者がいるのだ。日本人にもアルジェリアが近く感じられる核実験報告書だ。

④ アルジェリアと日本人

　一方、アルジェリアの人々は日本人を、独立運動の恩人だとばかりに熱い思いを寄せてくれている。それは、北村徳太郎（1886 ～ 1968）、淡徳三郎（1901 ～ 1968）、宇都宮徳馬（1906 ～ 2000）という偉大な 3 徳人、そして当時の全学連のおかげだ。

　徳太郎、徳三郎、徳馬 3 人の FLN アルジェリア民族解放戦線に対する支援は、1957 年にカイロで開かれたアジア・アフリカ諸国会議（通称バンドン会議）に始まる。超党派議員連盟 58 名が参加したこの会議の後、3 人はアジア・アフリカ諸国との連帯がアルジェリア独立運動の支援に繋がっていくと確信した。

　アルジェリア独立戦争の真っ只中にあった 1958 年、3 人は FLN アルジェリア民族解放戦線代表のアブデ・ル・ラーマン・キワンを原水爆禁止世界大会へ招待した。そして、FLN 東京事務所と〈日本マグレブ協会〉を立ち上げた。〈日本アルジェリア協会〉としなかったのは、植民地支配国フランスの妨害を避けるためだった。

　3 徳人はそれぞれ、戦前の京都学生運動に関係がある。京都生まれの徳太郎はクリスチャンとして平和運動に関わり、徳三郎は京都大学学生運動を指導して逮捕された。それぞれが、それぞれの転向を余儀なくされるが、アルジェリア革命には一貫して支援の手を差し伸べた。

⑤ アルジェリアはテロの犠牲者

　2013 年 1 月 16 日、日本人 10 名がアルジェリアの砂漠にあるイナメナス天然ガス・プラントで殺された。最後の犠牲者、日揮最高幹部　新谷正法氏とは一度、アルジェリア大使公邸のパーティーでお目にかかったことがある。記念写真をお願いしたら、「いや～そういう事は苦手で」としり込みされた。謙虚で誠実でシャイで、小柄なこの方が日揮の副社長（当時）として、世界を駆け巡る企業戦士とは思えなかった。優秀な頭脳と技術を持つ 10 人の命を奪った AQIM アキムの分派とは、一体、何者なんだ？

　〈AQIM アキム〉は、麻薬と誘拐を生業とし、紛争があれば傭兵を調達する〈戦争犯罪集団〉だ。AQIM アキムの分派はこれまでも身代金目当ての誘拐事件を数々起こしている。2011 年 11 月 23 日真夜中、アルジェリア西

アルジェ・カスバの入り口にあるケチャウ・モスク

ノーチェンジのモロッコ

　北部の砂漠にある西サハラ難民キャンプに2台の四輪駆動車が銃を乱射しながら突入した。そして、スペイン人2名とイタリア人1名のNGO支援活動家を隣国マリにあるアジトに連れ去った。2012年7月18日、3人は無事解放された。殺されなかったのは身代金のおかげだ。金なのだ。

　今回のイナメナス襲撃でもAQIMアキムの分派は、外国人を人質にしてバラバラに逃走しようとした。やっぱり、金狙いだったと言われている。この天然ガス・プラントを経営する英国BPの副社長と日揮最高顧問新谷正法氏のトップ会談が設定されていた日を襲撃チャンスに選んだのも、高額な身代金を皮算用したからではないだろうか？

　AQIMアキムとは、〈Al-Qaeda in the Islamic Magreb〉の略で、邦訳すると〈マグレブ（北アフリカ）のアルカイダ〉となる。正確な戦闘員の数は、不明だ。2011年11月の時点でAQIMアキム三人衆は、No1がアブドルマレク・ドロウケデル、No2がムフタール・ベル・ムフタール、No3がアボウ・ゼイドと言われていた。しかし、内部抗争で勢力図は変動し続けている。

　今回の襲撃事件首謀者で元AQIMアキムNo2のムフタール・ベル・ムフタールは1972年にガラダイヤ・オアシスで生まれた。イスラム禁欲主義者が多いムザブ族出身で、トアレグ族ではない。ガラダイヤは襲撃事件現場か

ら約800キロ北西の砂漠にある。彼は19才の時にアフガニスタンに渡り、オサマ・ビンラデインの下でアメリカの傭兵として戦った。1993年、アルジェリアに帰国した彼を受け入れたのは、イスラム過激派組織FISだった。当時、首都アルジェにあるカスバでは、FISの武装集団GIAと政府軍との戦闘が日常的に勃発していた。筆者はカスバのカフェで、FIS穏健派ハシャミ氏からGIA（イスラム武装集団）の戦闘員〈片目のムフタール〉の話を聞かされた。〈片目のムフタール〉は、ムフタール・ベル・ムフタールの仇名である。ムフタールは2007年にはオサマ・ビン・ラデインの配下に入り、AQIMアキムと改名したが、その後AQIMを追放されMUJAOを結成し、イナメナス天然ガスプラントを襲撃し、日揮従業員を殺した。MUJAO（The Movement for the uniqueness and Jihad in West Africa）とは〈西アフリカ唯一聖戦運動〉の意味だ。

　イナメナス襲撃事件をきっかけに、モロッコはフランスをけしかけて、アルジェリアとアルジェリア領土内にある西サハラ難民キャンプに、〈テロリストの温床〉というレッテルを貼ろうとした。しかし、アルジェリア政府はフランス大統領に人質解放作戦を評価させ、米英仏の軍事介入を断った。

　それでも、西サハラを支援するアルジェリアに、モロッコはテロリストMUJAOを使って挑発を続けてきた。モロッコよりだったアフリカの雑誌〈Jeune Afrique（ジョンヌ・アフリク）〉が「フランス情報局によると、ブルキナファソ経由で過激派組織MUJAOに武器が流れている」と、スクープした。このニュースを受けて、フランス軍はマリに拠点を置くMUJAOの出発点がモロッコにあるのを突き止めた。結局、同紙はこれまでのモロッコ支援に逆らって、2013年10月17日のフランス特派員欄で、この情報を流さざるをえなかった。

　さてアルジェリア政府は、これまで西サハラ独立運動を経済的軍事的に、全面支援してきた。アルジェリア西北端のティンドゥフにある西サハラ難民キャンプは、アルジェリアのお陰で45年間も生き延びてこられた。アルジェリア政府が一貫して西サハラ支援を続けてきたのは、政府の指導部がアルジェリア革命以来のFLNの流れをくんでいたからだ。ブーテフリカ前大統領は、西サハラ難民キャンプが創設した時の外務大臣だった。店子の西サハラ難民はアルジェリア大家の庇護の下で、不自由は多々あったけど、とりあ

えず命を繋いできた。命の代償に、西サハラ難民政府は国連でも国際社会で
も、アルジェリアの命じるがままに動いてきた。SPS（サハラ・プレス・サー
ビス）も、アルジェリア国営通信 APS（アルジェリア・プレス・サービス）
の記事を転用してきた。

　2019 年 2 月 22 日金曜日、アルジェリアの首都アルジェを始めとする都市
で蜂起したデモは、ブーテフリカ前大統領 5 期目出馬反対だけではなく、長
期にわたる FLN 体制に「ノー」をつきつけたのだ。4 月 18 日に予定されて
いたアルジェリア大統領選挙は 12 月 12 日に行われ、アブデル・マジド・テッ
ブーン元首相が新大統領に選ばれた。だが依然として、状況は不安定だ。西
サハラ難民政府はアルジェリア内紛に関して、黙して語らず。西サハラの命
運はアルジェリア情勢にかかっているから、うかつに口出しなどできない。
　一方のモロッコは、「親亀こけたら子亀もこける」と、ほくそ笑んでいる
のだ。

ノーチェンジのモロッコ

チェンジできないアリと難民たち

　アリを含め西サハラ〈難民アリ〉たちは、モロッコ占領下にある西サハラ植民地を西サハラ独立国にチェンジしたい。その強い思いは、半世紀前の独立運動創始者エルワリの、「周辺のアフリカ諸国が独立したのに、何故、西サハラだけが植民地として残っているのだ」という思いと変わらない。アリは、その創始者エルワリが死んで40年以上経っても変わらない植民地状態に怒りを覚え、何とかしなくてはと焦っていた。「戦争しかない！」と粋がって難民軍ポリサリオ戦線に入隊したのに、先輩のポリサリオ兵は遊牧民が使う小さいキセルに中国産タバコの葉を詰めて煙をくゆらせ、一向に慌ててないのだ。「戦闘もないし、することもない。ただ飯が食える難民軍隊に満足してんだ！　クソッ！」と、アリは梯子を下ろされた感じで、むかついていた。

相変わらずハンスト闘争、二代目女ガンジー・タクバル
　2015年2月4日、若い西サハラ人モハメド・ラミン・ヒダラが、モロッ

息子を殺害したモロッコ占領当局に抗議してハンストする母親（提供ＳＰＳ）

コ南部のアガデール港で複数のモロッコ人暴徒に襲われ、運ばれた病院で死亡した。モロッコ占領地・西サハラに住む家族が、モロッコ占領当局に暴行殺人事件の調査と報告を求めた。そして殺人犯を裁判所で裁くように要求したが、モロッコ当局は一人も逮捕せず事件を無視した。モロッコ人暴漢やモロッコ人入植者が西サハラ人を襲撃することを、モロッコ占領当局はこれまでも度々黙認しているし、扇動までしている。

　モロッコ占領地・西サハラに住むモハメドのママ、タクバルは、事件をもみ消し遺体を勝手に埋めたモロッコ占領当局に押し掛けたが、全く取り合ってもらえず、ベルギーのブリュッセルにある EU 議会まで直談判に出かけた。その帰り道の 2015 年 5 月 15 日、スペインのカナリア諸島で犠牲者のママ、タクバルはハンガーストライキに突入した。息子の無念を世に訴えるため、甘い水を摂るだけの断食を始めたのだ。

　6 月 9 日、西サハラ難民政府大統領アブデル・アジズ（当時）が国連事務総長パン・ギムンに、「息子殺害事件の真相追及をモロッコ占領当局に求めてハンガーストライキを続けている〈断食ママ〉タクバルの訴えに耳をかせ」と、緊急書簡を送った。〈断食ママ〉の体は加速度的に弱ってきていた。

　2009 年 11 月に、〈サハラの女ガンジー〉と称されるアミナト・ハイダルも同じスペインのカナリア諸島で 32 日間のハンガーストライキを敢行し、モロッコとスペインを屈服させた。なぜ、カナリア諸島でハンガーストライキをやるのかという理由は、ここがモロッコ占領地・西サハラとヨーロッパとの一番近い中継点だからだ。金とパスポートがある幸せな西サハラ被占領民は、モロッコ占領地・西サハラのラユーン空港からカナリア諸島のランザローテ空港へ、飛行機で脱出する。金もパスポートもない西サハラ被占領民の脱出は、アリのように自分の足で歩くしかない。かくして、カナリア諸島は西サハラ被占領民にとって、ヨーロッパや国際社会へ訴えるデモンストレーションの場になってきた。

　アミナトは著名な平和活動家で金もあるが、タクバルは無名のママで旅費は親類や隣り近所からかき集めた。自由と独立を祈願する西サハラ人には、著名も無名も関係ない。占領地の ASVDH（西サハラ人犠牲者を助ける会）や西サハラ難民政府もタクバルのハンストを応援した。〈断食ママ〉タクバルは、病院に運び込まれた 6 月 19 日まで、35 日間のハンガーストライキを強行し、とうとうアミナトを破る新記録を打ち立てた。

西サハラ砂漠解放区でタルハの木を見つけたら
ティータイム

オ～イ、アリ～～？

さて、我らが主人公、アリはどこにいるのかな？

ポリサリオ戦線の本部に問い合わせると、アリはビル・ラフル基地から500メートル手前にあるワジ・涸れ川の砦に配備されていると言う。2015年6月末、酷暑が始まっていて、しかもラマダン断食月の真っ最中だったが、アリを探しに出かけた。

アルジェリアのティンドゥフにある難民キャンプから轍を追って、西サハラ難民政府が管轄する西サハラ解放区に入る。草木が全くない礫砂漠を難民キャンプから約150キロメートル走ると、砂漠にへばりついた灌木が登場し岩が顔を出す。ビル・ラフル基地が見えてきた。だが500メートル手前に来ても、砦などない。それらしい小屋もない。点在するタルハの木が、ワジ・涸れ川の位置を教えてくれているのだが…。ワジ・涸れ川はその名の通り、雨の降らない夏には存在しない。冬季に雨が降ると、川の様相を呈するし、大雨になると堤防などないから、砂漠のワジ・涸れ川は泥水を放出し、地形を変えてしまう。

ワジ・涸れ川の流れは変わっても、数少ないタルハの木はしっかり根を張っているので、砂漠の旅人はタルハの木を道しるべにしている。タルハの木の下で、タルハの枯れ枝を燃やして西サハラ茶道に従い甘茶を立て、ゆったり

106

憩う。元気を取り戻したら、火を消して、残ったお茶や砂糖やハルワヤート・菓子をまとめて木に吊るしておく。後から来る旅人や動物への置き土産だ。

「ラマダン断食の昼間に、お茶飲んでいいの？」と、お叱りの声が上がってきたが、「いいんです」。旅の最中はラマダンを一時中止してもいいとの、有難い〈教え〉があるのを覚えていますか？　後から、断食しなかった日数分を自主的に断食すればいいのです。

ひときわ高いタルハの木が、陽炎になってユラユラ揺れている。アレッ！何かが木の枝に…、先客のお土産かな？　違う、人間がタルハの枝にまたがっているのだ！　それはカラシニコフ銃を構えたポリサリオ兵士だった。突然、根元の土が盛り上がった。そして、土を被せてカモフラージュした蓋を押し上げ、ポリサリオ兵士が穴から出てきた。

アリだ！　アリは木からおりてきた上官からカラシニコフ銃を受け取ると、木に登った。50度を超える真夏の昼間は、1時間交代で木の枝に乗って監視する。

1991年に国連西サハラ人民投票という平和提案を、両当事者であるモロッコと西サハラ難民軍ポリサリオ戦線が呑んでから、両軍の交戦はない。それでも、双方ともに臨戦態勢を敷いている。ポリサリオ戦線はモロッコ軍を欺きながら、ゲリラ砦で訓練を続けている。

〈砂漠の民〉とはいえ、熱射病の洗礼から免れることはできない。一時間後に交代兵が穴から出てきた時、アリは頭がぼんやりしてふらついていた。交代兵は慌てて穴の中にアリを押し込んだ。岩盤を掘ったトンネルは、ヒンヤリした部屋に導いてくれる。

「初めはみんな熱さにやられるさ」と、6人の古参兵たちは、甘茶を立ててアリをねぎらってくれた。

アリたちの砦は本物のアリの巣に似ている。アリは元来、地下に穴を掘って巣を作る。アリの巣は地中にいくつもの部屋があり、それらが互いにトンネルで繋がっていて、地表には小さな出入り口がある。出口付近にその土が堆積することで、盛り上がったアリ塚ができ、アリの巣の存在が分かる。だがアリたちの隠れ砦は、そう簡単に見つかっては困る。

一般にポリサリオ最前線のゲリラ砦は、地上にある大きな岩をくり抜いたものや、岩盤にトンネルを掘ったものなど、自然の造形を利用したものが多い。

ただし、ゲリラ砦には電話も電気もない。各部隊の司令部では、粗末な自家発電機で必要最小限の電気を起こし、無線機でアルジェリアにある西サハラ難民政府と連絡を取りあっている。アリが属する第6軍団の司令部も同様で、2、3個の泥小屋を中心に、数個のゲリラ砦が散在している。西サハラ解放区には電線も電話線も国際回線もないから、ネットも携帯電話も役に立たない。国際情勢も、モロッコ占領地西サハラや西サハラ難民キャンプの情報も届かない、忘れられた陸の孤島なのだ。

　アリは甘茶で、熱砂に傷めつけられた喉を潤しながら、優しい古参兵に目で感謝した。だが「クソッ！」と呟き、不満な表情を隠しはしなかった。「モロッコ兵が攻めてくる気配などないのに、タルハの木に止まって監視するなんてバカバカしいと思ってんだろう？」と、上官はアリの顔を覗き込んで聞いた。

　「……」

　アリは答えなかった。上官は「今晩、国境警備に同行しろ」と命じた。

麻薬密輸団、御用！

　2015年6月29日午後9時、ビル・ラフル前線基地を出発した国境警備のトヨタ・ランドクルーザー2台は、アリの穴からアリと古参兵の一人を拾って夜の砂漠に無灯火で突進した。

　後部座席でポプコーンの様に跳ね上げられているアリを見ながら古参兵は、「しっかり掴まってないと車の天井で頭を打って脳震盪起こすぞ！」と、注意した。「前灯なしで危なくないの？」と、アリは無灯火のラフロード走行を心配した。「大丈夫、俺たちの運転手は道祖神だ。それに、星が砂漠を照らし

西サハラ砂漠解放区で逮捕されたモロッコ麻薬密輸団
（提供 SPS）

てくれている」と、古参兵は笑いながら答えた。

　アリは夜空を見上げた。こぼれるような星空は、アリに6年前の砂漠大脱出を思い起こさせた。「俺たちは今、〈砂の壁〉を越えて西サハラ解放区に侵入してくるテロリストの密輸団を追跡しているんだ」と、古参兵はアリに初めて国境警備の目的を明かした。車はひと際高くバウンドし、アリの迷いを吹っ飛ばした。

　「〈砂の壁〉が近づいてきたぞ」と、古参兵がアリにつぶやいた。アリは行き先に目を凝らしたが、地平線にそれらしいものは見えない。ただ、6年前に越えた〈砂の壁〉に近いような気がする。モロッコ占領地・西サハラからくる密輸団のルートは、アリ達が逃走に使った旧街道に違いないと思った。2台、別のトヨタ・ランドクルーザーがアリたちの車に、そっと横付けした。4台のトヨタ・ランドクルーザーは、〈砂の壁〉に向かって頭を揃え、静かに待った。

　地平線に小さな明かりが点滅した。明かりは4つになって近づいてくる。「ヤッラー！（行くぞ）」国境警備隊長の掛け声で4台のトヨタ・ランドクルーザーは二手に分かれて、近づいてくる2台のニッサン・パトロールに突進した。突然の襲撃に、1台のニッサン・パトロールは抵抗することもなく停車した。後の1台は砂地に追い詰められ、動けなくなってしまった。前の車から運転手が一人、後の車から運転手とフード付きのモロッコ式コートを着たリーダー格の男が一人、蒼白になってオドオドしながら出てきた。荷台には、約30センチメートル四方に固められ〈＄〉の刻印が入った、固形麻薬ハシッシが積まれていた。2台合わせて、450キログラムは下らない。あまりにあっけなく迅速な逮捕劇に、アリはいささか腑が抜けた。「折角、空手を見せてやろうと思ったのに」と、アリは古参兵に「アチョー！」と、構えてみせた。「馬鹿か！　血を流さずにトッ捕まえるのが一番だ」と、古参兵は手こずった一週間前の銃撃戦をアリに語った。

　アリが初めて参加した麻薬密輸団大捕り物の一週間前、6月23日には9人の犯人と10人の国境警備隊員の間で弾が飛び交った。「アッラーのお蔭で大した怪我人も出ず、9人全員を逮捕し、モバイル9台と銃と麻薬ハシッシ150キログラムを押収した」と、古参兵はアリに語った。〈麻薬密輸とテロリスト壊滅作戦〉には、第6軍団と国境警備隊が合同で取り組んでいる。犯人たちは、あの広い砂漠のどこを通ってくるのか？、鋭い土地勘のある砂漠

の兵士とはいえ、モロッコ占領地・西サハラに住む同胞たちの情報がなかったら、皆目、見当がつかない。

「お前、どこから来たんだ？」と、アリは犯人の一人に聞いた。男は、半眼の目でアリを見返したが、問いには答えなかった。「クソッ！　薬やってんだ」と、アリは呟いた。

夏期大学にいたアリの仲間 4 人

　2015 年 7 月 27 日付のスペイン紙デイアリオ・デラ・マリナが、「西サハラの若者たちは、もうこれ以上（国連の）約束を信じることは出来ないと声を上げている。アフリカ最後の植民地を解放するには、民族解放武装闘争以外にないと主張している」と警告を発した。

　確かに、西サハラ難民キャンプの若者たちはうんざりしている。苛ついているのは、アリだけではない。西サハラ難民アリたちは、時計が止まった難民キャンプのテントで、ふて寝するしかないのだろうか…。

　横目で西サハラ難民政府幹部を見る若者たちに危機を感じた難民政府は、若者たちのガス抜きのために 2009 年から〈夏期大学〉を始めた。西サハラ難民政府幹部やアルジェリア政府要人や AU アフリカ連合重鎮などが、〈アフリカ最後の植民地・西サハラ〉の独立運動に関して支援演説をする。独立運動の士気を維持するための若者対策だ。

　2015 年の〈夏期大学〉は、7 月 25 日から 8 月 7 日までアルジェリアのブメルデスで開かれた。主催は西サハラ難民政府・ポリサリオ戦線、スポンサーはアルジェリア政府で、モロッコ占領当局の拷問で殺された活動家ハッサンの名を冠し、スローガンは〈モロッコ占領抑圧政策、麻薬密輸、テロに反対〉と掲げた。約 400 人の参加者に加え、50 人の西サハラ活動家がモロッコ占領地・西サハラから、モロッコの妨害にめげず飛んできた。

　〈夏期大学〉では、政治活動、文化活動、イスラム活動、モロッコによる西サハラ天然資源の盗掘や密漁、加えてアルジェリア独立運動史などなどが、幅広く語られた。

　中でも占領地からきた活動家たちの、モロッコ獄中体験談やモロッコ占領地・西サハラでのモロッコ占領当局による虐待体験は、参加者たちの怒りと涙を誘った。

アルジェリアで行われる夏期大学に参加した占領地の人々と筆者

チェンジできないアリと難民たち

「ラー・イラーハ・イッラー・ラー（神はただひとつ）」と、突然会場の後部でコーランの一節が響き、大きな西サハラ国旗が振られた。感極まった4人の若者が火付け役となって、会場は祈りの声で膨れ上がった。

4人の若者とは？　そうです、アリと一緒にモロッコ占領地・西サハラを脱出したマライニン、サデイク、バシル、ガリだった。4人は首都アルジェの大学を卒業していて、占領地の活動家たちに再会するためブメルデス夏期大学に参加した。ブメルデスは首都アルジェから45キロメートル西に行ったところにある、地中海沿岸のリゾート地だ。

スポンサー・アルジェリアの優しい心遣いで、モロッコ占領地からきた西サハラ活動家たち50人は楽しいバカンスを過ごした。だが、やっぱり「帰りは怖い」めに会う。8月20日、アルジェ空港からモロッコのカサブランカ空港へ降り立った一行の中から、狙い撃ちでライラ・リリがモロッコ空港警察に引っ張られていった。彼女はモロッコ警察に不法逮捕され拷問され強姦された経験を、様々な機会を捉えては世界の人々に語ってきた。「お前が喋りまくっているのと同じ目に合わせてやる！」と、モロッコ空港警察は彼女に暴行を加えた。血まみれになりながらライラは、モロッコ警官の一言一句も一挙手一投足も漏らさないよう、記憶に叩き込んだ。

「お前たちの拷問は必ず全世界に公表してやる！」と、ライラの復讐心はともすれば拷問で失神しそうになる意識を繋ぎ止めてくれた。

覚えてますか？　第一章でモロッコ占領警察の酷さを語ってくれた、ライラのことを？　同一人物です。今も変わらず、モロッコ占領政策に逆らっています。

西サハラ砂漠解放区で難民の世話になっているアフリカ難民

大脱出の時代

　９月に入ると、アリは所属部隊から夏期休暇を貰って難民キャンプに里帰りした。夏期大学を終えた４人の脱出仲間と、ブジュドウール難民キャンプのネットカフェで情報交換をする。

　インターネットは、サマーバカンスで賑わうイタリアのシシリア島やギリシャの小さい島に、ゴムボートや漁船で難民が押し掛けてくる様子や、眉をひそめる住民たちの映像を伝えていた。

　９月５日、トルコのリゾート海岸ボドロムで腹を出して寝そべっていたバカンス客の真っただ中に、幼児の溺死体が流れてきた。痛ましいアラン・クルデイー（３才）ちゃんの写真は、世界中の心を揺すぶった。ローマ法王は「欧州に逃れてきた難民や移民らを、全欧州のカトリック教区や教会や共同体や修道院などで保護するように」と説教した。そして「戦争避難民を見捨てることはできない」と、メルケル・ドイツ首相はいち早く難民の受け入れを表明する。メルケル・ドイツ首相の英断は、難民を毛嫌いするヨーロッパの諸政府を動かした。かくして、ヨーロッパ大陸に入れた運のいい難民は〈ドイツ〉という天国を目指して国から国へ大脱出を開始する。ただし、ドイツに入るには、ギリシャからの最短コースで、マケドニア、セルビア、ハンガリー、

オーストリアを通過することになる。ところが突然、ハンガリーは国境をフェンスで閉鎖し、難民はクロアチアからスロバキアへと経路変更を余儀なくされた。その両国もフェンスを張り巡らせた。フェンスの前で赤子を抱えた父親は、モバイルに流れてくる情報を頼りに行き先を転々と変えた。

　難民は財政難のギリシャや東ヨーロッパよりも、豊かな西ヨーロッパを目指している。かくして、数十万の難民がヨーロッパをさ迷うことになってしまった。

　アラン・クルデイーちゃんの一家はトルコに国境を接するシリアのコバーニから難民斡旋業者に大金を払って、トルコからヨーロッパに脱出する予定だった。トルコはEUに加盟していないしヨーロッパではない。しかし、トルコからゴムボートでヨーロッパの入り口にあるギリシャへ渡る時に、兄や母と共に溺死しまう。残された父は3人の亡骸を故国シリアのコバーニで埋葬した。

　ヨーロッパへ大脱出した難民の運命は、西サハラ難民の大関心事だ。

　ネットカフェにある4台のパソコンのどれもが、〈ヨーロッパへ大脱出〉のニュースで占められている。いつもは醒めた表情で隅にいるネットカフェ

国連人民投票に向け投票施設を作る西サハラ難民とアフリカ難民

のオーナーも、ヨーロッパ大脱出が世界のメデイアを独占するようになってからは、客の若者たちと一緒になって画面をのぞき込み、難民の大脱出に、自分たちを重ねて西サハラ難民大脱出を追体験した。

「いいな〜、国のある人たちは。俺たちにはないんだよな！　死んだって、まともに埋めてもらえる国がないんだよね。負けてるよな、俺たちは…」

「今年だけで海を渡ってヨーロッパに脱出した難民は、80万人を超えるんだと！」

「俺たち西サハラ難民は30万、数じゃ負けてるね」

「イラクの女が、イラク〜トルコ〜ギリシャ〜ドイツまでの脱出ツアーに、一人頭1,000＄払ったって言ってるよ！」

「ええ〜！　難民たって、金もってんだ！　俺たちはノーマネー。ぐっと負けてるね」

衛星から眺めたら、ユーラシア大陸からヨーロッパ大陸にかけて大脱出する人々がアリのように見えるかもしれないと、アリは想像した。

同じ頃、ローマ法王の大移動が、中南米からアメリカにかけて行われていた。「ローマ法王ご一行の動きを衛星から眺めたら、やっぱりアリのように見えるかも」と、アリは思った。

そのローマ法王は中南米で「クソ」と、アリの口癖を横取りしたのだ。ローマ法王は、難民や貧者を生み出した元凶の〈野放図な自由市場〉に対して「クソ」と、毒づいたのだった。「クソッ！　やるじゃん！　パパ！」と、アリは品の悪い口癖にお墨付きを貰ったと、嬉しくなった。

ドイツは、難民たちの期待に沿った天国かどうか？

難民たちが着いたドイツでは、「難民ようこそ」のデモに抗して、「難民ノー！」のデモが始まった。難民たちの前には、ネオナチをはじめとする差別主義者たちが立ちはだかっている。かって大脱出をした西サハラ難民たちは、ドイツに逃げ込んだ難民たちの先行きを心配した。結局、ドイツに入る隣国の国境が閉鎖され、難民たちは出国待ちの難民収容所に詰め込まれていく。ドイツに入ったって、待っているのは難民キャンプみたいな収容所なんではないか…。

　「違う。俺たちの大脱出は、国から脱出することじゃない。難民キャンプから大脱出して、国に帰ることだ。ようし、西サハラが独立したら、行き場のない難民を受け入れてやるぞ！　面積は広い。だが人口は少ない」と、アリは心の中で叫んだ。そして、所属部隊があるビル・ラフル前線基地に帰還したら、基地の傍らで掘っ立て小屋を作って難民生活をしている100人近いブラック・アフリカ人たちに差し入れをしようと思った。彼らは、モロッコからヨーロッパへ入ろうとしてモロッコ警察に逮捕されたアフリカの人々だ。モロッコの北端にはセウタとメリリャという、小さなスペイン領の飛び地がある。この脱出コースはアフリカからヨーロッパに入る一番近道なのだが、モロッコはフェンスを巡らし警備をし、不法脱出者をトッ捕まえては、地雷原〈砂の壁〉の西サハラ側に放り出してきた。アフリカ脱出に失敗した人たちがアリの従軍する部隊の傍で、行き場を失い忘れられたまま枯れ死にしようとしているのだ。

国連事務総長がアリの難民キャンプにきた！

　2015 年の世界は、難民問題と欧州やアフリカで起こったテロ事件に翻弄された。

　西サハラ難民は UNHCR（国連難民高等弁務官）が扱う難民のなかでは、40 年（当時）という超長期難民だ。一方、西サハラ難民を抹殺しようとするモロッコは、世界を震撼させたパリ・テロ事件とブリュッセル・テロ事件の首謀者たちの出身地だ。難民とテロという二大ニュースネタがあるのに、なぜか、西サハラ問題は世間の耳目を集められなかった。

　だが 2016 年に入って、アリたちに運がやってきた。国連事務総長がきたのだ！

世界の難民

　2015 年の世界難民の総数は、6,000 万人を軽く超える。UNHCR（国連難民高等弁務官）の発表によると、2014 年に UNHCR が面倒を見たのは 5,490 万人とある。但し、この数字には、一時的避難民や移民は含まれていない。UNHCR の認定を受けている難民の中で一番長期にわたっているのが、40 年以上を超える西サハラ難民だ。

　2016 年に入っても難民、避難民、移民の数は増え続けている。ヨーロッパ域内では簡易テントが林立する。ヨーロッパの出入り口ギリシャでは、せっかくヨーロッパ入りしたのに追い返されるのを待つ避難民が、強制収容所で不安な日々を過ごしている。4 月 16 日、ローマ法王がチラッと強制収容所の一つに顔を出し、「あなたたちのことを世界は忘れていない」と言って、シリア避難民数人を飛行機に同乗させて〈ローマの休日〉をプレゼントした。だが、世界は避難民の面倒を見ようとはせず、避難民からの逃げ道と逃げ口上を探している。

　一方、トルコ・ギリシャ経由の避難民が減少するのと反比例して、アフリカ移民いわゆるボートピープルが夏を迎えて激増してきた。ゴムボートに詰めるだけ詰め込まれて、圧死する人も後を絶たない。ボートが傾いて、バラ

バラと無残に海にこぼされていく人々の映像を見せつけられたアリは、救っ
てやれないもどかしさに苛まれた。アフリカの同胞たちが脱出行に一人頭、
数百ドルを払わされているということを知ってから、なおさらムカついた。
悪質な斡旋業者は貧乏なアフリカ出稼ぎ移民から金を搾り取り、リビアの無
法海岸から〈死の船出〉をさせ、姿をくらませる。「アフリカ奴隷時代より
ひでえや。クソッ！」と、アリは唇を噛んだ。

第 14 回西サハラ民族大会、オ～イ、アリ～～！

　2015 年 12 月 16 日午前 11 時、外国人訪問者約 200 人のダハラ難民キャン
プ到着を待って、3 時間遅れで、4 年に一度の第 14 回西サハラ民族大会が開
始された。ダハラ難民キャンプは西サハラ難民センターから約 170km 離れた
砂漠の奥にあり、約 6 万の難民が住んでいる。10 月 17 日から 10 日間降り
続いた大雨は、難民自家製の泥小屋を溶かし流して砂漠にしてしまい外国人
レセプションセンターも崩壊したので、約 200 人の訪問者は数人ずつに分け
られ、受け入れてくれる家族のテントに案内された。民族大会の取材もさる
ことながら、筆者が西サハラ難民キャンプに出かけたのは、アリに会うため
だった。

第14回民族大会に参加したモロッコ占領地の西サハラ住民

2,155 人の西サハラ代議員を前に、アブデル・アジズ西サハラ難民大統領（当時）が、「これから西サハラ民族の運動方針を討議する。武装闘争か和平交渉か？　最終予定日の 12 月 20 日に投票で最終決定する。大統領や閣僚も同様に選挙で決める。まずは 4 年間の政治的、外交的成果を報告する」と、2 時間にわたる長い演説をした。意気軒高だった。

　5 日間の予定を数日間延長し、12 月 23 日に第 14 回西サハラ民族大会は「国連を信じて政治闘争を続ける」ことを決め、アブデル・アジズ大統領を再選し 28 人の幹部を投票で選んだ。西サハラの難民も被占領民も兵士も、誰も戦争なんて望んでいない。

　さて、我らが主人公アリはどこに？

　アリの写真を首からぶら下げて、筆者は会場内を探し回った。4 年前の第 13 回西サハラ民族大会では警備兵を務めていたので今回もと、期待したのだったがいなかった。

　「アリの奥さんがお産で入院している」という噂を聞いて、大喜びで中央病院を訪ねた。婦人科の医者が、「残念ながら流産だった。テントに帰ってるよ」とテントを教えてくれた。テントを訪ねたら、その女性はアリの兵隊仲間の奥さんで、旦那はスペイン・マドリッド西サハラ代表部を警備するアリの助っ人として、スペインへ渡ったそうだ。

　アリは 2015 年 11 月から、スペイン首都マドリッドにある西サハラ代表部に警備隊長として配属されたという。

　モロッコ移民二世のテロリストたちがヨーロッパに蔓延している。ヨーロッパで活動する西サハラ人は、常にテロの危険に曝されている。アフリカと違ってヨーロッパでは、西サハラ難民の RASD サハラ・アラブ民主共和国は正式に認められていない。西サハラ難民政府は各国に代表部を置いて外交闘争を続けている。国際書類上の西サハラ宗主国であるスペインには西サハラ難民政府代表部を置いている。代表部は、ヨーロッパの最前線となっている。

欧州のモロッコ産テロリスト

　2015 年のパリは雑誌社テロで始まり、11 月連続テロで終わった。その間にもフランスでは、9 月の鉄道テロ未遂その他、こまごまとしたテロ事件が

散発した。

　パリがテロ襲撃されたのは、2015年11月13日金曜日の夜だった。最初の襲撃は午後9時20分。仏独サッカー親善試合競技場のゲート付近で、テロリスト1人が自爆テロで死亡し、1人が巻き込まれた。午後9時25分、セアトの黒い車に乗りカラシニコフ自動小銃で武装した複数のテロリストが、パリ10区のレストラン2カ所で食事をする人々に乱射。15人を殺害した。午後9時30分、競技場で2人目のテロリストが自爆死。11区では午後9時32分と36分、レストラン2カ所が銃撃され、計24人が死亡。午後9時40分頃、1人が11区のレストランで自爆死。同じ頃、テロリスト3人がバタクラン劇場に乱入し、コンサートに熱狂する若者たちに向かって銃を乱射。89人を殺害。午後9時53分、競技場付近で3人目のテロリストが自爆。最初の襲撃からここまで、わずか33分間の凶行だった。過激派組織ISのメンバーでテロを仕切った主犯のモロッコ移民二世アブデル・ハミド・アバウドは、パリ・サンドニのアパートで発見され射殺された。アバウドは1987年8月8日、ベルギー首都ブリュッセルのモレンベーク地区で生まれたが、高校時代から札付きの不良で、その後ISの傭兵になり、ベルギーとシリアを何度も行き来する。彼の役目はモレンベークを拠点とした、武器調達とIS傭兵リクルート、そして麻薬密輸だった。

　2016年3月18日午後（日本時間3月19日、ベルギー首都ブリュッセルのモレンベーク地区で逮捕されたパリ・テロ実行犯の生き残りサラ・アブデスラム（26）の両親は北モロッコ北部にあるボイヤファ村から出てきた移民で、サラは1989年9月15日にモレンベークで生まれた。ハイティーンの頃から酒と麻薬ハシッシュの常習者で、ゲイバーに入り浸り、レント・ボーイ（男娼）としてホモクラブではもてもてだったとか。2013年12月から、サラと兄のブラヒムはモレンベークで、〈レ・レギネ〉という名のバーを開いていた。

　パリ事件を受けて、パリのメディアはモロッコ史とマグレブ史を研究するピエール・バームルン・パリ大学教授のテロ事件分析インタビューを載せた。そのインタビュー記事を、アリはスペイン・マドリッドの西サハラ代表部で読んだ。

　「えっ！　アリってスペイン語が分かるの？」と、日本の読者から疑問の声が。はい、西サハラの第一外国語はスペイン語です。子供たちもスペイン語を喋ります。

国連事務総長がアリの難民キャンプにきた！

ピエール教授の説に戻る。教授によると、ベルギーに住む約50万モロッコ人の大部分は、モロッコ・リーフ山地からきた移民だという。リーフ山地は地中海に面したモロッコ北部にあり、そこに住むベルベル族は〈リーフ人〉と呼ばれている。この地域は歴史的にモロッコ太守（後のモロッコ国王）から疎まれ、〈リーフ人〉は貧しく差別されてきた。〈リーフ人〉の悲劇は、1912年に当時の欧州列強がモロッコを三分割し、リーフ地方をスペイン植民地にしたことから始まる。1920年にリーフ人のアブデ・ル・カリームがリーフ地方で反乱をおこし、1923年にリーフ共和国を建国し、自ら大統領になったが、介入したフランス軍に敗れ、1925年にリーフ共和国は崩壊した。1956年3月2日にモロッコはフランスから独立し、フランスやスペインの援助を受けて経済再建を進めた。だが、モロッコ王は反抗心と独立心が旺盛な〈リーフ人〉の粛清を図り、この地方を疎外した。〈リーフ人〉は食べるために、フランス領アルジェリアの葡萄酒工場で季節労働者として働き、フランスの国籍を手にする者もいた。だが、アルジェリアが独立し出稼ぎ移民が禁止されると、〈リーフ人〉はヨーロッパに出稼ぎの場を求めてなだれ込んでいく。サラ・アブデスラムの父は、フランス国籍を持つ〈リーフ人〉出稼ぎ移民の典型的な例だ。

　かくして、フランス、スペイン、ベルギーの3カ国が、〈リーフ人〉の出稼ぎ地になっていった。中でも、かってモロッコ植民地時代に虐められたフランスやスペインとは違って、ベルギーに対しては暗い想い出がなく〈リーフ人〉出稼が殺到したようだ。

　「麻薬ハシッシは、世界一の生産地モロッコからジブラルタル海峡～スペイン～フランスを通過して、ベルギーに密輸されていく。モロッコには70,000ヘクタールのハシッシ畑があり、欧州市場の90％を賄い、その上りは年間1,000～1,200万ドルを超えるそうだ。この麻薬あぶく銭が、モロッコ移民社会の裏金や過激派組織の軍資金となる」と、インタヴュー記事はモロッコ麻薬ハシッシの欧州市場を暴いている。

　記事を読みながらアリは、西サハラ難民政府解放区の国境警備兵として摘発したモロッコ麻薬ハシッシ密輸団を思いかえした。ラリッていた犯人の一人が、パリ・テロ実行犯の一人に似ていることに気づき、驚いた。奴も〈リーフ人〉だったんだ！

2016年3月22日、ピエール教授の〈モロッコ・リーフ人の過激派組織 IS テロ欧州細胞〉説を裏付けるテロ事件が、その過激派組織 IS 欧州細胞の本拠地ベルギー・ブリュッセルでも起こった。32人の犠牲者を出した自爆テロの首謀者たちは、モロッコ・リーフ山地出身の移民二世だ。テロ事件後11日目に逮捕されたパリ～ブリュッセル・テロ事件生き残りのモハメド・アブリニもモロッコ移民二世で、モレンベークで生まれ育った。

パン国連事務総長が西サハラ難民キャンプに来た！

2016年3月5日、隣国モーリタニアから飛んできた国連専用機が、アルジェリア最西端にあるティンドゥフ飛行場に着陸した。降り立った国連事務総長ご一行は、パン・ギムン国連事務総長と、クリストファー・ロス国連事務総長個人特使、キム・ボルドク・ミヌルソ MINURSO（国連西サハラ人民投票監視団）特使など、西サハラ担当の国連高官たちだ。

こんなに待ち焦がれられたことは、国連事務総長としても初めてのことだったに違いない。なにぶん何もない難民のことゆえ、贅沢なおもてなしはなかったけど、甘茶とザグラダ（女性の歓迎する叫び）と、熱い想いが籠った大歓迎を受けた。難民テントで待ち続けた41年、人民投票の約束を国連に貰ってから25年、恋い焦がれてきた国連事務総長の、初のお越しなんだから。

国連事務総長ご一行はアブデル・アジズ難民大統領や難民政府要人に会った後、西サハラ・難民政府解放区にも入った。国連事務総長は当然、西サハラ・モロッコ占領地訪問を予定しモロッコと交渉したが、モロッコは訪問を断った。

難民キャンプで国連事務総長を迎えた故サハラ大統領（2016・3・5）
（提供SPS）

国連事務総長がアリの難民キャンプにきた！

アルジェリアの首都アルジェの記者会見でパン・ギムン国連事務総長は、「私は、西サハラ難民キャンプから直接アルジェに来た。私はこの目で、西サハラ難民キャンプの実情を見た。1975年、モロッコに祖国を〈占領〉されて以来、西サハラの人々は想像を絶する苦難な生活を強いられている。西サハラの人々には、人間の尊厳と民族自決権がある。国際社会はもっとこの人々に、注視し行動を起こさなければならない」と熱く語った。

　3月8日、モロッコ政府はMAP（マグレブ・プレス）モロッコ国営通信を通じて、パン・ギムン国連事務総長を非難した。それによると、「モロッコ王国政府は、パン・ギムン国連事務総長に対して、ティンドゥフとアルジェ訪問とその時の発言に、強く抗議する。モロッコ政府は、彼の過激な行動と容認できない独りよがりな表現を、目の当たりにした。モロッコ政府は、ただただ驚くのみだ」と、焦りと憤慨をあらわにしている。（CORCASモロッコ王立サハラ問題諮問評議会　3月9日発）
　モロッコは、モロッコ側への訪問がなかったという非難は取り下げた。だが、〈占領〉という不適切な言葉を撤回し謝罪しろと、パン国連事務総長に迫った。しかし拒否された。
　2016年3月30日に、「事務総長の行動と〈占領〉という言葉は、モロッコとして、とても受け入れられない。モロッコは宣告したように、MINURSOミヌルソの職員84人を追放し、MINURSOのモロッコ占領地・西サハラにあるMINURSOミヌルソ・ダハラ支部（73人のPKO要員）を閉鎖した」と、モロッコ外務省スポークスマンが宣言した。

ミヌルソMINURSO国連西サハラ人民投票監視団は一年の猶予を貰ったが…

　アリはSPS（サハラ・プレス・ニュース）の4月18日付け記事で、パン・ギムン国連事務総長による西サハラ年次報告書を読んだ。パン国連事務総長が難民キャンプに来てからというもの、パンは難民のスーパースターになった。彼の一挙手一投足に難民の目が注がれ、難民キャンプの貧しいメディアは精一杯に彼の動向を伝える。
　国連事務総長パン・ギムンが彼の任期中で最後となる、国連安保理に提出された西サハラ年次報告書は、「私は、ミヌルソMINURSO（国連西サハラ

人民投票監視団）PKO
に個人的にも貢献しよう
と、さらにこの地域での
人権問題状況を自らの目
で確かめようと、西サハ
ラ地域を3月3日から7
日にかけて訪問した。だ
が、この訪問に不満なモ
ロッコ政府は、私の訪問
中も訪問後も、言葉尻と

国連事務総長を歓迎する西サハラ難民たち（2016.3.5）
（提供 SPS）

国連事務総長がアリの難民キャンプにきた！

行動を捉えて難癖をつけてきた」と、モロッコ政府の常軌を逸したパンに対する悪口雑言を非難した。さらに、「モロッコ側は西サハラのみの訪問は不公平だというが、私は、モロッコとモロッコ占領地・西サハラの訪問を何度も打診した。訪問を断り続けたのはモロッコだ」と、モロッコの言いがかりに反論した。パンは、「ポリサリオ戦線西サハラ民主共和国大統領アブデル・アジスは常に国連安保理と私と私の個人特使に敬意を表し、支持してくれている」と言及している。そして、「アジズは、モロッコ軍が2016年2月27日に銃を発砲し、西サハラ遊牧民一人とラクダ3頭を殺したと告発している。このモロッコ軍の発砲は、両軍が停戦した1991年以来、初の軍事的挑発行為だ。モロッコ軍は発砲を認め、ミヌルソMINURSO（国連西サハラ人民投票監視団）は死体を発見し西サハラ側に引き渡した。アジズは、モロッコ軍の挑発と殺人を国連人権高等弁務官に告訴した。このモロッコ軍による軍事侵攻は国連緩衝地帯で勃発した」と、モロッコ軍の停戦違反行為を告発した。モロッコ軍の西サハラ遊牧民とラクダ3頭の銃殺事件に、アリは愕然とした。銃殺犠牲者は、脱出の時に世話になった遊牧民ではなかったが、同じ家族、同じ民族だ。

　パンは、「2015年11月4日、私は、西サハラの最終的地位決定は、国連事務総長の指導下で両当事者が交渉し、平和的に民主的に西サハラ住民の民族自治権実現を目指す方向で決めるべきだと声明を出した。これに対して11月5日、モロッコは猛反発し、国連モロッコ大使ヒラールは私に電話をよこし、〈モロッコは断固としてこの声明を認めない〉と激怒した。一方、アジスは11月17日、私に書簡を送り、私が主張する両当事者の交渉を支持し、

ポリサリオ戦線西サハラ難民政府は私の個人特使を支援すると確約した。その一方で、西サハラ難民政府は絶え間ないモロッコの挑発行為に曝されていると訴えてきた」と、これまでの経緯も国連安保理に報告している。難民の思いを代弁してくれるパンに、アリは「アチョー」と、空手のポーズを取って奇声を上げた。

　2016年4月29日、国連安保理はミヌルソMINURSO（西サハラ人民投票監視団）の任務を、2017年4月29日まで承認した。つまり、西サハラ人の民族自決権行使を目指す国連人民投票実現に向けた活動を、国連安保理が1年保障したことになる。

　難民アリたちは、国連人民投票実現に向けて、自分なりに出来ることを見つけようと自主的に動き始めた。アリは警備隊長として、同胞の難民アリたちをしっかり守ろうと誓った。「国連西サハラ人民投票の時には、かってエルワリが西サハラ住民を守ってアルジェリアに連れてきたように、今度は俺が、西サハラ難民を守って故郷西サハラに帰還するんだ」アリの夢は膨らんでいった。

　アリは、「クソッ！」などと毒ずくこともなくなっていった。

西サハラ難民大統領死去、ヘビー級チャンプ＝モハメド・アリの死

　ポリサリオ戦線中央事務局が、「ポリサリオ戦線事務総長アブデル・アジズ共和国大統領が2016年5月31日、持病のためアルジェリアの病院で死去」と、西サハラ難民テレビやラジオやSPS（サハラ・プレス・サービス）などで一斉に発表した。ポリサリオ戦線中央事務局は40日間の喪に服することを西サハラ人民に命じた。同時に事務局は、40日以内に特別人民会議を開催し、新事務総長と新大統領の選挙を行うことを明らかにした。アジズ西サハラ難民大統領は癌を患っていた。

　BBC英国テレビもロイター通信もAPもAFPも、40年間にわたって西サハラ難民を引っ張ってきたアブデル・アジズ西サハラ難民大統領の死を大きく取り上げた。そのうちBBCは、「国連は地域の将来的安全保障を目指して、解決策を模索してきた。しかし民族自決権に基づく国連人民投票を巡って、モロッコとポリサリオ戦線両当事者の交渉が行き詰まっている。モロッコは西サハラを〈南部地方〉と称して領有権を主張しているが、アルジェリアを始めAUや多くのアフリカ諸国は、サハラ・アラブ民主共和国を正式

国連事務総長がアリの難民キャンプにきた！

西サハラ砂漠解放区に埋葬される故アブデル・アジズ大統領の棺（提供SPS）

承認している。国連事務総長が難民キャンプを訪問した時、〈占領〉という言葉を〈モロッコ占領地・西サハラ〉に対して使ったことに反発したモロッコは、84人の国連要員を追放した」と、国連に逆らうモロッコに言及している。

　アルジャジーラ・テレビは電子版モロッコ・ワールド・ニュース編集長サミール・ベニスを登場させた。「アブデル・アジズが死んでも、モロッコとアルジェリアの関係は変わらない。この紛争に大きな変化をもたらすのは、長患いをしているアルジェリア大統領のほうだ」と、うそぶいた。MAP（マグレブ・アラブ・プレス）モロッコ国営通信は「アルジェリア通信社によると、分離主義指導者が死んだ」と、短く論評抜きで伝えた。

　パン・ギムン国連事務総長は6月1日に、「本日、私はアブデル・アジズが死去されたという弔報を受けた。彼はポリサリオ戦線の創設以来、中心人物として西サハラ紛争の平和的解決に向けて努力を続けてきた。そのために彼は、国連事務総長を含む多数の国連高官と会談を重ねてきた。最近では3月に私（パン国連事務総長自身）と会見した。早すぎたご逝去に遭遇されたポリサリオ戦線とお家族に、心からお悔やみを申しあげます。西サハラの人々に民族自決権を与える、両当事者の納得がいく政治的解決を目指すことを誓います」と、弔文を西サハラ難民キャンプに送った。

アリは、6月6日に始まる断食月ラマダンと、6月9日の〈殉教者の日〉を準備するため、難民キャンプに帰っていた。脱出仲間の4人は、〈殉教の日〉準備委員会でイベントの企画をし、アリは警備を担当することになっていた。アリと4人の仲間たちは、大統領の悲報を居候先シディアのテントで聞いた。アリたち5人の脱出者を迎えてくれた難民大統領、口元は笑っていても眼鏡の奥から鋭い眼光を射た大統領、その大統領が千切ってくれた羊の丸焼き。アリと仲間4人は悲しさを紛らわせるために、大統領との出会いを語り合った。そして、アリたちがモロッコ占領地から脱出した地、スマラの古都を想った。そのスマラで、アブデル・アジズ難民大統領は1948年に砂漠の民・ベドウィンの子として生まれたのだった。

　2016年6月3日、「ボクサーのモハメド・アリが死んだぞ」と、アリは4人の脱出仲間に告げたが、誰も関心を示さなかった。アリの本名は〈モハメド・ヤヒヤ・アリ〉という。同姓同名のボクサーに、アリは一心同体まがいの親近感を持っていたのだ。

　6月9日は、アリが敬愛する、ポリサリオ戦線とサハラ・アラブ民主共和国の創設者エル・ワリが死んだ日だ。この日に予定されていた〈殉教者の日〉のイベントは、アブデル・アジズ難民大統領の逝去で取り止めになった。

　西サハラ難民キャンプも断食月ラマダンに入っていた。アリは暑さと空腹を紛らわせるため、4人の脱出仲間と居候先シディア家のボロテントで横になっていた。エルワリ、アブデル・アジズ、そしてモハメド・アリ、心のヒーローを無くしたアリは、「俺一人を残して、みんな行っちゃった」と、虚脱感に襲われた。助けが来ない砂漠で涸れ切ってどうでもよくなった、あの時の寂しさがこみあげてきた。「よお～」と、仲間に呼びかけたが、返ってきたのは鼾だけだった。

　そして、アリも底なし沼のような眠りに沈んでいった。

　砂漠の熱風がボロテントに入ってきた。熱風はテントごと、眠っているアリを故郷の海岸に運んで行った。
　大西洋の涼風が、テントの隙間から忍び込んできた。

どうなるアリ？ どうなる〈砂漠のアリ〉たち？
どうなる西サハラ？

　2016年7月10日、故アブデル・アジズ西サハラ難民大統領の喪が明けた西サハラ難民キャンプでは、西サハラ難民議会が開かれブラヒム・ガリ元西サハラ・駐アルジェリア大使が、新大統領に選ばれた。彼もまた、故エル・ワリ西サハラ独立運動創設者や故アブデル・アジズ大統領と共

新西サハラ難民大統領・ポリサリオ戦線事務総長
ブラヒム・ガリと筆者

に、西サハラの独立運動を戦ってきた古参兵だ。数々の死闘をくぐり抜けてきたガリ兵士だが、戦闘服より背広や民族衣装が似合う。アリも仲間の兵士たちも自分たちが新大統領に選ばれた気分で銃を磨いた。だが、喪中や断食月にかまけて西サハラ難民政府が油断をしている間に、狡猾なモロッコ国王はUN国連やEUヨーロッパ連合、AUアフリカ連合へのロビー活動を加速させた。

　そして2016年で退職するパン国連事務総長や、アメリカ女性大統領誕生が噂されていたヒラリー・クリントンに、せっせと賄賂を送った。アリの古いカラシニコフ銃では、どうにもならない裏世界戦場だ。

モロッコに負けた国連

　2016年7月10日、断食月が明けて喪が明けて、西サハラ難民政府はびっくりした！

国連西サハラ人民投票の声が聞こえてこない。パン・ギムン元国連事務総長が西サハラ難民キャンプを訪問したからには、すぐにでも国連が約束した西サハラ人民投票の準備が始まるものと信じていた。パン国連事務総長を侮辱したり国連職員をモロッコ占領地・西サハラから追放したりしたのだから、西サハラ難民政府は、モロッコが当然、国連安保理からお咎めを受けるものだと思っていた。「ヤッタ～！　モロッコはパニくって、外交政策も思いつかず右往左往している」などと、西サハラ難民外務大臣は超楽観的な見解を出して難民を喜ばせていた。ところが、モロッコは金をばら撒き総長の醜聞をネタに脅し、元宗主国フランスの助けを得てパン国連事務総長を抱き込み国連安保理の非難をかわしたのだ。「待てば海路の日和」的な受け身の西サハラ難民政府は、勝つためには悪事も厭わずのモロッコ国王にしてやられた。

　7月15日、BBC英国TVが、「モロッコは、西サハラ承認に反発して1984年に決別したAUアフリカ連合に出戻ろうと、賛成票を得るためアフリカ諸国に特別代表を派遣」と報じた。AUアフリカ連合は、西サハラを独立国として正式に加盟を承認している。当時、アフリカ大陸でモロッコだけがAUアフリカ連合に入っていなかった。モロッコは、西サハラの独立運動を支持するAUアフリカ連合を乗っ取り、AUアフリカ連合から西サハラ

西サハラ砂漠解放区ティファリティにある
MINURSO国連基地

を追い出そうと企んだ。そして、西サハラを地球から葬り去ろうと目論んだ。

　7月26日（ニューヨーク時間）、ミヌルソ MINURSO（国連西サハラ人投票監視団）に関して、7月安保理議長の別所浩郎日本国連大使がニューヨーク本部で記者会見をした。要訳すると、「モロッコが追放したミヌルソ MINURSO 要員の職場復帰に関して、キム・ボルドク MINURSO 国連事務総長特別特使（当時）とハーブ・ラドウス PKO 西サハラ国連特別次席代表（当時）から報告を受けた。国連とモロッコの間で進展があり、84人のうち25人のミヌルソ MINURSO 要員が職場復帰した」と、語り「早期に両当事者の直接交渉が再開され、西サハラ人の民族自決権が行使されることを、多くの安保理メンバーが望んでいる」と言及した。同日同所、ヒラール・モロッコ国連大使は非公式記者会見で、「国連事務局が、モロッコの寛大で前向きな努力に感じ入って合意したことは喜ばしい。合意は各国から歓迎され、誠にめでたい。モロッコを疑うな！　モロッコは信頼にたりる王国だ」と宣伝した。

　8月2日、パン国連事務総長がモロッコのパーティーに出席し、モロッコ大使とニコニコツーショット！　モロッコは国連事務総長の、どんな弱みを握っているんだろうか？！

　8月11日、25年来の停戦協定を破って、モロッコ軍が国連緩衝地帯に進軍した。結局、パン国連事務総長は黙認した。パン国連は、完全にモロッコの軍門に降ったようだ。

　9月13日、第71回国連総会は難民サミットで始まった。恒例の国連脱植民地化第4委員会が10月3日から7日まで開催され、西サハラは脱植民地化該当地域に再指定された。

10月21日から25日まで、国連 PKO ミヌルソ MINURSO のトップが当該地を視察したが、国連事務総長個人特使ロスの同行をモロッコは拒絶した。

10月28日、モロッコ北部リーフ地方にある港町アル・ホセイマで、警官が魚売りをごみ収集車で圧縮殺害した。この虐殺事件が引き金となり、政府に反発するデモが始まった。

　しかし、反王政デモなどどこ吹く風のモロッコ国王陛下はルンルン気分でアフリカ数国を歴訪しマラケシュ COP22 を自慢し、〈AU アフリカ連合へのモロッコ国王ご帰還〉を触れ回った。モロッコ国王外交はまさに花開かんとしていた。

どうなるアリ？　どうなる〈砂漠のアリ〉たち？　どうなる西サハラ

モロッコ国王も前国連事務総長も反トランプ

　「トランプが大統領に選ばれたら、国際的な視点から見て疑いなく大危機になる」と、米大統領選挙中の2016年10月12日、ゼイド元国連人権高等弁務官は、顔をゆがめてトランプをこきおろした。一方のトランプは「国連役立たず」を主張していて、同じく国連不要論のジョン・ボルトン元米国連大使を政権の一員に起用していた。

　10月23日、フォックス・ニュースTVのウォリス記者が、「モロッコ王とヒラリー・クリントンとその財団との、およそ1,200万ドルにのぼる取引は賄賂？」と、ボブ・ウッドワード・ワシントンポスト紙主幹に質問すると、「それは汚職です。スキャンダルです」と、ボブは答えた。モロッコ国王はヒラリーの勝利を確信し賄賂を贈っていた。

　11月8日、トランプまさかの勝利を受けてパン・ギムン国連事務総長は、不満を隠そうともせず、トランプに敗れたヒラリーを褒め上げて、トランプへの祝辞に替えた。記者の質問は受け付けなかった。トランプは国連COP（締約国会議）からの脱退を明言した。

　トランプの登場は、世界の常識とされていた事を、将棋倒しのように軽く覆していった。政治家、評論家、商売人、芸術家、普通の人などなどが、トランプのツイッターに一喜一憂する中で、西サハラ難民は冬の嵐に備えてテント繕いに精を出した。モロッコ占領地の西サハラ被占領民は西サハラ政治囚裁判のため、カンパ集めを始めた。〈砂漠のアリ〉たちは地味な日常の仕事に励んだ。それは、祖国独立の〈レファレンダム（人民投票）〉のため西サハラに帰還するという、砂漠大踏破が控えているからだ。アリが派遣されていたスペインのカタルーニャ州では独立を目指す〈レファレンダム（人民投票）〉の機運が盛り上がっていた。アリはカタルーニャ・レファレンダムの推移を難民キャンプに送り続けた。

　2016年12月25日、そんな西サハラの難民と被占領民に、アメリカのワシントン・タイムズ紙が、Hope in the Sahara ホープ・イン・ザ・サハラ（サハラに希望）という素敵な記事をクリスマスプレゼントした。ワシントン・タイムス紙は、保守系で共和党寄りでジョン・ボルトンの友人、デヴィッド・キーン氏が論説委員を務めていた。同紙は、「様々な法廷がモロッコ国王に、強い警告を発している。40年以上続いている西サハラ紛争は、止めること

のできない、執拗なアリの闘争だ」と描写したうえで、「最近は、支援者や弁護士たちが、ナイフや銃や爆弾武装革命に代わる文章や発言や映像で闘っている」と、闘争形態の転換を説明している。そして同紙は、「西サハラの人々は国連で数々のキャンペーンに勝利し、民事法廷のみならず国際法廷でも有利な採決を勝ち取ってきた。しかしモロッコ人たちは頑固で、反省しようとしない」と結論付けている。

どうなる〈砂漠のアリ〉たち？

　2017年1月1日、グテーレス新国連事務総長が誕生した。同年1月20日に就任したトランプ新アメリカ大統領は、アメリカが国連の諸組織から脱退することと、アメリカが国連分担金を削減することしか頭にない。トランプ新アメリカ大統領は、意固地に新国連事務総長グテーレスと会おうとしなかった。

　一方、トランプ新アメリカ大統領から疎んじられたアントニオ・グテーレス新国連事務総長は、ポルトガルのリスボンで1949年に生まれた。アントニオ・グテーレスは、東テイモールが独立闘争を戦っていた1999年から2002年にかけて、ポルトガル首相の職にあった。グテーレス首相（当時）はインドネシア国軍の残虐行為を非難し、東ティモールの独立運動を支持した。西サハラの難民と被占領民は、アントニオ・グテーレス新国連事務総長に期待せざるを得ない。トランプの意向がどうあれ、西サハラの人々は国連事務総長を頼るしかないのだ。

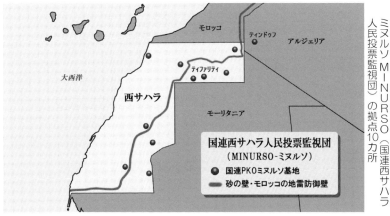

ミヌルソMINURSO（国連西サハラ人民投票監視団）の拠点10カ所

右欄（縦書き）：どうなるアリ？　どうなる〈砂漠のアリ〉たち？　どうなる西サハラ

2017年3月18日、西サハラ難民大統領一行は国連ニューヨーク本部で、グテーレス新国連事務総長に会い、早期に〈レファレンダム（国連西サハラ人民投票）〉を実施するよう、直談判した。

　2017年4月末日をもって、クリストファ・ロスは失意のうちに国連事務総長西サハラ個人特使の任務を退いた。2012年5月12日から約5年半、ロスはモロッコからボイコットされ続けてきた。後を継いだホルスト・ケーラー元ドイツ大統領も、2017年10月になってやっとモロッコ国王の許しが出、西サハラ地域に足を踏み入れることができた。だが、この年は全く大きな進展がなかった。

　2018年4月9日、ジョン・ボルトンが第27代 アメリカ国家安全保障問題担当大統領補佐官に就任した。ボルトンの補佐官就任は、膠着していた西サハラ交渉に喝を入れた。

　ジョン・ボルトンは1948年11月20日にアメリカのメリーランド州に生まれた。父はファイアー・ファイター〈火消し人〉だったが、ジョン・ボルトンは〈火点け人〉で、2003年のイラク戦争に火を点けた。ブッシュ政権の超強硬派で、イラク戦争共犯者に間違いない。紛れもなくジョン・ボルトンはイラク人民の敵だ。しかしそのボルトンが、西サハラ人民の味方になろうとしていたとは…。信じ難いが、事実だ。2007年にボルトンが出版した〈Surrender is not an option（降伏は選択肢にない）〉で、「国連大使になったら真っ先にやろうと決心していたのは国連西サハラ人民投票だった」と、語っているのだ。ボルトンは2005年8月1日から2006年12月9日まで、アメリカ国連大使を務めていた。本の中でボルトンは、「ジェームス・ベーカーの西サハラ紛争解決という大仕事の教えは計り知れない。とりわけ、国連が約束した〈レファレンダム（国連西サハラ人民投票）〉を実施して西サハラ人民に彼らの将来を決めさせ、PKOに決着を付けることに、私は執念を燃やした。それに、反対しているモロッコも人民投票を一旦は呑んだのだから、真剣に国連西サハラ人民投票に取り組もう。取り組まないなら、安保理は失敗を認め手を引け。つまるところMINURSOというPKOは、高い代償を払っている国連PKO活動の完璧な失敗作と結論づけられる。〈無用の長物〉と断言できる（13章367~69ページ）」 と、主張している。

　2018年12月13日、ヘリテージ財団の講演でジョン・ボルトン米国家安全保障補佐官（当時）は、「紳士淑女の皆さま、民族自決権の西サハラ人民

投票は27年前に実施されるはずだった。だが27年経って、人民投票監視団は未だに存続しています。そんなことが許されていいのか。何年にもわたって、私は西サハラの人々に思いを馳せてきました」と、本来の役目を果たそうとしないミヌルソMINURSO（国連西サハラ人民投票監視団）に対して、苛立ちと不満をはっきり表明した。

　2019年4月30日、国連事務総長西サハラ個人特使ホルスト・ケーラー元ドイツ大統領による2度のスイス円卓会議の開催で、ミヌルソMINURSO（国連西サハラ人民投票監視団）に、さらに半年の任期が与えられた。しかし、両当事者はただ会ってスイスの名物料理フォンデュをパンですくっただけで、具体的な交渉には全く入っていなかった。

　2019年5月1日、スペインの西サハラ代表部で警護をしていたアリに配置換えの命令が出され、アリはアルジェリアの首都アルジェにある西サハラ大使館で待機していた。

　「アリ、お前、禁固7カ月に罰金5,000モロッコ・デイルハム（約57,500円）の有罪だってよ！」と、アリは駐アルジェ西サハラ大使館職員から起こされた。「おれは、ここにいるんだぞ！　なんだ、それは？」とアリは聞き返した。が、これまでもモロッコ占領当局は欠席裁判で、占領地の西サハラ人活動家たちに罰金と禁固刑を科してきた。モロッコは、西サハラ難民大統領以下、西サハラ難民政府関係者全員に有罪判決を下している。アリにだってありうる話だ。アリは慌てて、大使館のパソコンを開いた。

　モロッコ占領地・西サハラ首都ラユーン発の人権団体ニュースは、「モロッコ占領地・西サハラの首都、ラユーンでモロッコ簡易裁判所が、収監中のアリ西サハラ活動家に実刑を下した」と、臨時ニュースを発信していた。そして、「アリ・サレメ・ブイマアは、西サハラ人の人権擁護運動をしていた。モロッコ占領当局は4月11日に彼を逮捕し、集中的に拷問と尋問を繰り返した」と報告を続けた。アリは超ポピュラーな名前で、兵士アリではなく、別人のアリだった。アリはいささかホッとしたものの、聞き捨てならない事件だ。すぐに、マライニンとラルースに事件を伝えた。2人ともアリに先駆けてモロッコ占領地から自力で脱出した、先輩の元活動家たちだ。外務省広報担当（現ボツワナ大使）マライニンは抗議声明を出し、西サハラ政治囚救援組織外渉担当ラルースは、〈アリ釈放キャンペーン〉を開始した。

そして、2019年5月3日金曜日、アリはアルジェの中心にある西サハラ難民政府大使館を公用車で出て、アルジェ空港に向かった。午後5時過ぎ、恒例になったアルジェリア反政府デモが終った後の中央郵便局広場では、まだ高揚が冷めやらぬデモ参加者たちが「腐敗政府を完全に撲滅するまで、屈しないぞ！諦めないぞ！」と、バラバラに叫んでいた。「屈しないぞ！」のひと言は、不帰順族の末裔アリを蘇らせた。

　ブーテフリカ前大統領を倒し、汚職大臣を倒し、腐敗経済人を倒してきた〈アルジェリア金曜デモ〉は、11回目を迎えたが、勢いは衰えていなかった。一方、西サハラ難民政府は、〈アルジェリア金曜デモ〉の行方にギリギリ・カリカリしていた。

　大使館の車は、開設したばかりの新アルジェリア・ブーメディアン空港に横付けした。胡散臭（うさんくさ）そうに交通整理の警官は、西サハラの旗を見る。空港の警備員も税関吏も、トイレのおばさんまでもが、西サハラ人アリに以前のような優しさを見せなかった。アリのフライトは真夜中だったが、ヨーロッパからの来賓を迎える時間に合わせてアリを運んできた大使館の車は、アリを空港ロビーに置き去りにし去っていった。

　兵士アリは、西サハラ解放区にあるポリサリオ難民軍のティファリティ司令部に配属されようとしていた。ティファリティは国連西サハラ人民投票センターに予定されている。ティファリティ配置の命を受けたアリは、いよいよ西サハラ・レファレンダム（人民投票）だと、張り切って待機していた。「〈砂の壁・地雷防御壁〉を命がけで越えてきたかいがあったぞ！」と、脱出仲間の4人に報せたかった。だが航空券を西サハラ大使館で受け取ったのは、出発の朝2019年5月3日だった。待機司令が年の初めに出ていたにも拘わらず。

　一方、西サハラがもたついているのをよそに、モロッコは西サハラ難民軍の動きをいち早くキャッチして話を捏造し、「西サハラ難民軍ポリサリオが停戦違反の軍事行動を惹き起こした！　一大危機だ！」と、国連安保理に向かって中傷情報を流し始めていた。

　2019年5月3日午後23時55分、アルジェリア・エアーは西サハラ難民キャンプに向けて定刻通り飛び立った。翌5月3日の2時半にティンドゥフに着いたアリを西サハラ難民軍ポリサリオ戦線のランドローバーがエンジンをふ

かして待っていた。アリがドアを閉めるや否や、ランドクルーザーは約300キロ砂漠に入ったティファリティ軍司令基地を目指して出発した。アリはその基地で、宿願の〈西サハラ人民投票〉の警備に従軍する予定だが…。

やっとアリの穴に光が射してきたような？　こないような？？

アリはランドローバーで揺られながら、「屈しないぞ！」と、〈アルジェリア金曜デモ〉の言葉を呟いた。

「屈しない！」。この言葉は〈アルジェリア金曜デモ〉のシュプレヒコールです。そして、アルジェリアに亡命している西サハラ難民アリたちやモロッコ占領地・西サハラに棲む被占領民アリたちの、不帰順族の伝統的精神でもあります。この真っ直ぐな言葉の前には、右も左もありません。万国共通です。

私たち日本人には馴染みの薄い、眩しい言葉のようですね…。

よろしかったら、アリたちと声を合わせてみませんか？

「ラー・リル・イスティスラーム」（アラビア語）
「屈しないぞ！」（日本語）

どうなるアリ？　どうなる〈砂漠のアリ〉たち？　どうなる西サハラ

あとがき

　ポリサリオ戦線を立ち上げ、サハラ・アラブ民主共和国を創設したエル・ワリは創設僅か3カ月後の1976年6月9日、モーリタニア戦線で敵軍に惨殺されました。悲報に呆然自失した西サハラ難民ですが、涙を払って創設者エル・ワリの遺志を継ぎました。そして40年後、指導者アブデル・アジズ大統領が逝去しました。2018年4月には、外交トップの西サハラ難民政府国連代表アハマド・ブハリが突然死しました。悲しくて、残念です。

　2019年に入ると、南アメリカの西サハラ援助国ベネズエラで内紛が始まり、西サハラ難民キャンプがあるアルジェリアでは反政府デモが続き、両国とも自国の事変に精いっぱいで、西サハラ支援にまで手が回らなくなってきました。モロッコが、「独立の幻想は捨てて王様に降伏しろ」と、脅しを一層強めています。西サハラ難民を取り巻く情勢は厳しさを増す一方です。

　2019年の春になると、やっと国連が重い腰を上げて、〈西サハラ人民投票実施〉に向け再稼働を始めました。5年半にわたって国連交渉を拒否してきたモロッコが、国連事務総長西サハラ個人特使ホルスト・ケーラー元ドイツ大統領の下で交渉の席に着かざるをえなくなってきたのです。UN国際連合もEUヨーロッパ連合もAUアフリカ連合も、世界の3大連合が一致してケーラー個人特使に大喝采を送りました。そして、2019年4月30日、国連安保理が〈西サハラ決議2468〉を採択しました。しかし、ここでハピーエンドにならないのが、西サハラ難民と被占領民の受難物語なのです。

　5月22日、突然、この国連事務総長個人特使は僅か1年7カ月で、体調不良を理由にして、事務総長に電話で辞任を告げたのです。筆者はすぐに、ベルリンにあるホルスト・ケーラー元大統領の事務所に、お見舞いの電話をしました。「エエッ⁈　大統領は元気ですよ」という事務員の声が返ってきました。「エッ？　マジッスカ！（筆者の呟き）」。つまるところ、国連事務総長個人特使の辞任劇は誰かが仕組んだものだということになります。西サハラの難民と被占領民に夢を与えて、冷酷無残に踏みにじった国連事務総長とその個人特使には、計り知れない〈人としての責任〉があります。許せま

せん。罪の償いに電話の内容を公表すべきです。

　さらに、ガッカリした西サハラの人々に追い打ちをかけて、嬉しくない
ニュースが入ってきました。2019年9月10日、「ファイア！（首だ！）」と、
トランプ・アメリカ大統領が西サハラの味方ジョン・ボルトンをホワイトハ
ウスから追い出したのです。

　元宗主国フランスと元植民地モロッコのコンビは、これで〈国連西サハラ
人民投票〉の話は崩壊したと、大喜びしています。

　一方、アリたちはそれぞれの部署に戻り、モロッコの新たな攻撃に備え準
備を始めました。

　アリや、西サハラの難民アリたち、被占領民アリたちの、〈不屈の不帰順魂〉
を潰すことはできません。

　屈しません、諦めません。〈独立した故郷〉への帰還を果たすまでは…。

　そんなアリたちの姿を、日刊ベリタとちきゅう座は取り上げ続けてくださ
いました。大野和興さん、府川頼二さん、ありがとうございます。

　そして、非常に困難な状況のなかで、松田健二・社会評論社社長がアリの
物語を出版してくださることになり、本間一弥さんが編集を担当されました。
深くお礼申し上げます。

　西サハラの難民と被占領民が祖国を取り戻すまで、よろしくお願いいたし
ます。

　　　　　　　　　　　文章：平田伊都子
　　　　　　　　　　　写真：川名生十

　　　　　　　　　　　写真・画像提供：SPS（サハラ・プレス・サービス）
　　　　　　　　　　　川上リュウ
　　　　　　　　　　　李　憲彦

■西サハラ独立運動小史と日本■

1884	スペインが西サハラを植民地化（1975 年までスペインは西サハラを占領支配した）
1960.12	第 15 回国連総会で植民地独立付与宣言が採決され西サハラも対象地域になる。
1973.5.10	ポリサリオ戦線（西サハラ独立運動組織）創設。
1975.10.12	西サハラ住民一斉蜂起（民族統一の日）
10.16	国連司法裁判所が「モロッコの西サハラ領有権」を否決。
11.6	モロッコが「緑の行進」と銘打ち、西サハラに越境示威行進。スペインはモロッコとモーリタニアに西サハラを分譲し、西サハラから撤退。モロッコとモーリタニア両軍に追われ、西サハラ住民が難民化。大部分がアルジェリアに逃亡。
1976.2.27	ポリサリオ戦線がアルジェリアの難民キャンプで SADR(サハラ．アラブ民主共和国) を創設。
1979.8.5	ポリサリオ戦線とモーリタニア軍の停戦後、モロッコ軍が西サハラ全土掌握を目指し軍事攻勢。
1982.2.22	OAU（現在の AU）が SADR（サハラ・アラブ・民主共和国）の加盟を正式に承認。それを不服とするモロッコは 1984 年に脱退し、2017 年に AU 復帰。
1981 ～ 1987	モロッコが「砂の壁（地雷防御壁」」を作り約 600 万個の地雷を敷設。
1991.4.29	国連仲介でモロッコとポリサリオ戦線が停戦。＜国連西サハラ人民投票＞を両当事者が受諾。故エドワード．ケネディー等が米両院で人民投票支持を決議。 「日本西サハラ友好議員連盟」（会長：江田五月議員）創設。数年後に自然解消。
1997 ～ 2004	ジェームス・ベーカー元米国務長官が国連事務総長個人特使として、ジョン・ボルトン元国連大使と共に国連投票実現を目指すが、モロッコの反対で失敗。
2007	モロッコは西サハラの領有権を主張し始め、西サハラをモロッコ国内の地方自治体として扱うという新提案を発表。国連の和平案である西サハラ人民投票を拒否。
2009	クリストファー．ロス元米外交官が国連事務総長特使として国連主導の交渉を再開。
2010.6.12	日本民主党西サハラ問題を考える議員連盟（会長：生方幸夫議員）設立。
2010.6.21	SJJA（サハラ・ジャパン・ジャーナリスト・アソシエーション）

　　　　　が外務省に「日本で両当事者交渉の場を作る事」の要望書 No1
　　　　　を提出。

2011.5.16　西サハラ難民政府ポリサリオ戦線幹部の来日

2012.5.17　モロッコがロス国連事務総長個人特使の更迭を事務総長に求め
　　　　　る。
　　　　　モロッコは国連主導の両当事者交渉を拒否し、西サハラはモロッ
　　　　　コ領土だと再主張

2013.4.22　西サハラ・アジア担当大臣の来日、

　　5.20　「西サハラ共同声明」発表（生方幸夫議員、江田五月議員、柿沢
　　　　　未途議員、笠井亮議員、福島瑞穂議員）

2013.10.10　クリストファー・ロス国連西サハラ事務総長個人特使に
　　　　　[Negotiation Table in Tokyo] を提案。

2014.4.25　参議院議員会館で「西サハラの会」を催す。江田五月議員、鳩山
　　　　　由紀夫元首相、福島瑞穂議員、アルジェリア大使、報道関係者が
　　　　　参加。

　　4・29　国連西サハラ事務総長個人特使ロスから＜西サハラの会＞に謝意
　　　　　のメールが届く。

2018 ～ 2019.5.22　ホルスト・ケーラーが国連西サハラ事務総長個人特使に
　　　　　任命される。2018 年 12 月に両当事者交渉を第一回、2019 年 3 月
　　　　　に第二回の再開、が辞任

2019.8.28　ブラヒム・ガリ西サハラ大統領と幹部 3 人が、TICAD7（第 7 回
　　　　　アフリカ開発会議）に参加

2019.12.6　「超党派西サハラ問題を考える議員連盟」設立総会 (会長：馳浩
　　　　　東京オリンピック・パラリンピック競技大会組織委員会顧問、元
　　　　　文部科学大臣)

■頭文字略語と外国語名称のミニ解説■

AI（Amnesty International , 政治犯救済国際委員会）
　　　1961 年 5 月、ロンドンで発足。信条や人種、言語などを理由に投獄、
　　　拘禁、抑圧を受けた＜良心の囚人＞の救援が目的

AU（African Union , アフリカ連合）
　　　1963 年 5 月 25 日に創設の OAU（アフリカ統一機構）が、発展改
　　　組したアフリカの統合組織。2002 年 7 月 9 日、エチオピアのアディ
　　　スアベバに本部を置き、正式発足した。すべての 55 アフリカ諸国
　　　が参加。RASD（西サハラ・アラブ民主共和国）も正式加盟国とし
　　　て承認されている。

AL（Arab League. アラブ連盟）
　　　1945 年 3 月、アラブの 7 か国がカイロで発足させた組織。中東の平
　　　和と安全を確保し、アラブ庶民の主権を守ることを目的とする。現
　　　在、パレスチナを含む 22 か国が参加している。

Berbers（ベルベル人）
　　　北アフリカ沿岸地方の先住民族で、ベルベル諸語を話す人々の総称。
　　　ギリシャ語の＜バルバロイ（不思議な言葉を話す人の意味）＞が語
　　　源だと言われている。ベルベル人の先祖は、タッシリ・ナジェール
　　　などで石器文化を創った人々（約 1 万年前）と推測されている。

Bedouins（ベドウィン、砂漠の民）
　　　アラビア語のバドゥ(砂漠)が語源。アラブ系遊牧民の総称でもある。

Berlin Conference（ベルリン会議）
　　　1884 年 11 月〜 1885 年 2 月にかけて行われた、アフリカ分割を巡る
　　　調整会議。一般にヨーロッパ列強による＜植民地縄張り会議＞とし
　　　て知られている。列強の対立にドイツが調停役を引き受け、ベルリ
　　　ンで開いた。

COP（コップ、気候変動枠組条約締約国会議）
　　　COP25 は 2019 年 12 月 2 日から 13 日にかけてスペインの首都マド
　　　リッドで行われた。

Decolonization（脱植民地化）
　　　植民地が植民地支配国から独立を勝ち取ることを指す。第二次世界
　　　大戦以降の脱植民地化は国連が推奨し、1960 年 12 月の国連総会決
　　　議 1514 ＜脱植民地化独立付与宣言＞で、「住民の自決以外の原則は
　　　ありえない」と明言している。脱植民地化は平和的に行われる場合
　　　もあれば、住民による武装革命で行われることもある。

EU（European Union、ヨーロッパ連合）
　　　1967 年ヨーロッパ 7 か国で設立した EC（ヨーロッパ共同体）が発
　　　展したもの。現在、28 か国が加盟。ブリュッセルに本部を置き、統
　　　一通貨などを軸にヨーロッパ経済統合を目指しているが、難問題が
　　　山積。

FAO（Food and Agriculture Organization of the United Nations 国連食糧
　　　農業機関）

1945 年 10 月 16 日設立。本部をローマに置く、国連専門機関。食料、栄養についての普及や援助が目的。飢餓問題も取り扱う。

ICJ（International Court of Justice、国際司法裁判所）
　　1945 年、国連の司法組織として設立された。オランダのハーグにある。国際的係争事件を審理するが、絶対的命令権はない。国連加盟国は自動的に加入国となる。1975 年 10 月 16 日、国際司法裁判所 ICJ は、モロッコとモーリタニア両国の西サハラ領有権をはっきりと否決した。当時の西サハラは、まだスペインの植民地だった。

IRC（International Red Cross、 国際赤十字）
　　国際赤十字委員会、赤十字社連盟、各国赤十字社の三者を合わせた総称。最高決議機関として４年に一回、＜赤十字国際会議＞を開く。第一回は 1867 年にパリで開催された。

Maghreb（マグレブ）
　　北アフリカ北西部の総称。アラビア語の＜ガルブ＞（西）から派生した言葉。マグレブ連合は、チュニジア、リビア、アルジェリア、モロッコ、モーリタニアによって、1989 年 2 月に経済協力を目的として作られた。

MINURSO（Mission des Nations Unies pour l'Organisation d'un Referendum au Sahara Occidental というフランス名の略、国連西サハラ人民直接投票監視団）
　　西サハラ人民が独立かモロッコへの帰属かを決める人民投票を、監視し支援するため、1991 年 4 月 29 日に国連安保理で承認された組織。

Moors（ムーア人）
　　本来はモロッコ地方に住むベルベル人だったそうだが、7 ～ 8 世紀にかけてイスラム軍に征服され、改宗混血したと言われている。後にスペイン人は＜モロス＞と呼び、その英語読みが＜ムーア＞。

NAN（Non Aligned Nations、非同盟諸国）
　　かつての東西両陣営対立時代、その両方に属さず、植民地主義の清算を目指した国々を指す。アジア、アフリカなどの中立諸国が 1955 年、インドネシアのバンドン会議で、その理念を採択。1961 年 9 月にベオグラードで＜第一回非同盟諸国首脳会議＞が開かれた。2009 年の時点で、118 か国が参加し、16 か国がオブザーバー参加している。が、ソ連崩壊後、新たな路線展開を探っている。

PKO（Peace Keeping Operations of the UN、国連平和維持活動）
　　戦闘が目的ではなく、あくまでも中立的な平和維持や軍事の監視が目的。世界の紛争地域に派遣されている国連の組織。

POLISARIO（ポリサリオ戦線、Frente Popular para la Liberacion de Saguia el Hamra y Rio de Oro、という超長いスペイン名の略）
　　上記のスペイン名を日本語に訳すと＜サギア・エル・ハムラとリオ・デ・オロ解放のための人民戦線＞となる。サギア・エル・ハムラ（赤い涸れ川の意味）は西サハラ北部のアラビア語地名で、リオ・デ・オロ（金の川の意味）はサハラ南部のスペイン語地名である。ポリサリオ戦線・西サハラの解放運動組織は 1973 年にエルワリが創設した。

RFK Center（Robert F. Kennedy Center for Justice & Human Rights, 正義
と人権のロバート・ケネデイー・センター）
　　1987 年に創設されたこの団体は、ニューヨークに本部を置き、世界
　　の平和人権活動家たちを支援している。所長は暗殺されたロバート・
　　ケネデイーの娘、ケリー・ケネデイーで西サハラの人権活動を支援
　　している。
SADR（Saharawi Arab Democratic Republic、サハラ・アラブ民主和国）
　　1976 年 2 月 27 日、ポリサリオ戦線が創った西サハラ難民亡命政
　　府。アルジェリアのティンドゥフにある西サハラ難民キャンプが拠
　　点になっている。フランス名は＜ La Republique Arabe Sahraouie
　　Democratique ＞
Slave Treaty（奴隷貿易）
　　ヨーロッパ人は、アフリカの黒人をヨーロッパや新大陸アメリカや
　　西インド諸島に商品として輸出した。16 世紀から 19 世紀にかけて、
　　ヨーロッパ列強は特許会社を作って奴隷商売を競った。1833 年イギ
　　リスが、1848 年にフランスが、1863 年にアメリカが奴隷制度を廃
　　止したが、奴隷の売買は続いた。
UN（United Nations、国際連合）
　　1945 年 10 月 24 日、国際連合が正式に発足した。国連と略した名前
　　で呼ばれることが多いので、本書でも大部分を国連と称している。
　　現在の加盟国は 193 か国で、六つの主要機関とその下部機関からで
　　きている。ニューヨークに本部を置いている。
UNHCR（国連難民高等弁務官、The United Nations High Commissions for
Refugees）
　　1951 年、難民問題解決の為に設けられた国連機関。難民とは、人種、
　　宗教、国籍、政治的信条などが原因で迫害を受ける恐れがあるため
　　国外に逃れ、自国の保護を受けられない人々を指す。最近では、こ
　　の狭義の難民に加え、国内国際紛争や飢餓などから逃れようとして
　　国境を越えることを強いられた人々も対象にし、UNHCR は援助し
　　ている。
UNSC（United Nations Security Council、国際連合安全保障理事会）
　　国連に於けるもっとも重要な機関で、略して安保理と呼ばれること
　　が多い。国際平和と安全の維持に主要な責任を負う。加盟国に対し、
　　軍事力による封鎖、経済と外交手段の中断、国連軍の創設、派遣の
　　強制措置を取れる。決定は全加盟国に及び、加盟国は決定に従って
　　兵力や施設などの提供をする。5 常任理事国と 10 非常任理事国で構
　　成される。5 常任理事国は拒否権を持つ。
WFC（United Nations World Food Programme、国連世界食糧計画）
　　1961 年国連総会と FAO 国連食糧農業機関の決議により、創設された。世
　　　界の食糧増産と貿易安全保障を企画する。ローマに拠点を置く。

〔参考文献〕

[Historical dictionary of Western Sahara]
　　(Authony D.C.Hodges：著 , African Historical Dictionaries：刊)
[La Republique Arabe Saharauie Democratique, Passe et Present]
　　(Ministere de L'Information de la Culture de la R.A.S.D：刊)
「Sahara Press Service」(Information de la RASD：刊)
「国際連合の基礎知識」
　　(国連広報センター：編集、財団法人世界の動き社：刊)
「イスラム入門シリーズ」(イスラミックセンタージャパン：刊)
「奴隷と奴隷商人」(ジャン・メイエール著、創元社：刊)
「西サハラをめぐる紛争と新たな文脈」
　　(「TEAS 紛争と危機管理｜研究班：編集、株式会社パレード：刊」
「日刊ベリタ・アフリカ・西サハラ最新情報」
　　(平田伊都子：著、日刊ベリタ：刊)
「赤いラクダ・ポリサリオ解放戦線体験記」
　　(平田伊都子：著、第三書館：刊)
「サハラの狼・エルワリの生涯」(平田伊都子：著、読売新聞社：刊)

＊「Surrender is not an option (Western Sahara from P 367to369
　　P)」(by John Bolton、Threshold Editions)

＊ [Les Berges n'ont pas vu ce qui,,]　Europe 1 TV interview avec
　　Pierre Vermeren　29. 03. 2016
＊ [Jusqu(ou peut aller la colere du Rif marocain?]　14 .06. 2017,
　　article de Pierre Vermeren
＊ [Pour que le Maroc en finesse avec le kif du Rif] 28. 06. 2011
　　article de Pierre Vermeren
　　(Pierre Vermeren professeur d'histoire du Maghreb
　　contemporain à l'université Paris 1 Panthéon-Sorbonne depuis
　　2012)

平田伊都子　ITSUKO Hirata

　大阪生まれ、ジャーナリスト。著書に「カダフィ正伝」「ピースダイナマイト・アラファト伝」（以上集英社）、「サハラの狼」（読売新聞）、「悪魔のダンス・サダムの小説」（徳間書店）「ジプシーの少女に会った（絵本）」（福音館）、「教えてイラクの戦争、今、むかし（絵本）」（汐文社）、「アラビア語の初歩の初歩」その他初歩シリーズ絵本（以上南雲堂）、「プロヴァンスのジプシー」「Yes I can with OBAMA」（以上南雲堂フェニックス）、「ラストコロニー　西サハラ」（社会評論社）など多数ある。SJJA（サハラ・ジャパン・ジャーナリスト・アソシエーション）代表。

川名生十　KIJU Kawana

　北海道生まれ、国際フォトジャーナリスト。カダフィ大佐、アラファト・パレスチナ大統領、ラフサンジャニ・イラン大統領、シェイク・モハンマド・ドバイ首長、アブデル・アジズ西サハラ大統領、ボカサ中央アフリカ皇帝などの撮影。WSJPO（西サハラ日本代表事務所）代表

アリ　西サハラの難民と被占領民の物語
2020 年 2 月 10 日　初版第 1 刷発行

著　　者　平田伊都子
写　　真　川名生十
発行人　　松田健二
発行所　　株式会社 社会評論社
　　　　　東京都文京区本郷 2-3-10
　　　　　電話：03-3814-3861　Fax：03-3818-2808
　　　　　http://www.shahyo.com

装幀・組版デザイン　Luna エディット .LLC
印刷・製本　倉敷印刷 株式会社